Le berger blanc suisse

Pascale et Pascal Grappin

ARTÉMIS ÉDITIONS

Sommaire

Introduction

Le berger blanc suisse est actuellement l'une des races de chiens en pleine expansion. Il était presque inconnu en France il y a 15 ans et il fait aujourd'hui partie des races dont on parle beaucoup. Son pelage entièrement blanc, son caractère et ses aptitudes de travail en font un compagnon idéal. La sélection raisonnée effectuée sur la race depuis sa création a permis de tirer le meilleur du berger allemand dont il est issu, tout en se préservant des dérives qui ont touché la race germanique. Il est vrai que la production importante ainsi que les divergences sur les choix de sélection qu'a connue le berger allemand ont compliqué la maîtrise de cette race. Gageons que les passionnés du berger blanc suisse sauront, eux, continuer le travail qu'ils ont très bien entrepris jusqu'à ce jour, pour permettre à cette race pétrie de qualités d'atteindre la place qu'elle mérite dans le paysage cynophile.

Généralités

L'histoire du berger blanc

Le berger blanc suisse ne vient pas spécialement de Suisse et ce nom associé à un chien entièrement blanc ne fait pas non plus référence aux sommets enneigés de l'Helvétie.

Ses origines

L'origine de cette association avec le pays de Guillaume Tell provient du fait que la FCI considère, comme pays d'origine d'une race, celui qui a déposé la demande de reconnaissance officielle. Cette demande de reconnaissance a été faite par la SKG/SCS (Société cynologique suisse), qui a présenté un standard précis, ainsi qu'un Livre d'origine qui contenait au minimum huit pedigrees différents sur trois générations, sans aucun ancêtre commun. Cette demande a abouti à la fin de 2002 avec une reconnaissance officielle (à titre provisoire pour une durée de 10 ans) de la race sous la terminologie de berger blanc suisse (Weisser Schweizer Schäferhund), en date du 26 novembre 2002, sous le n° 347.

Avant cette reconnaissance officielle, d'autres appellations de la race étaient employées et il est encore fréquent de les rencontrer : le berger blanc américain ou le berger américain blanc, le berger blanc canadien ou encore l'association des deux, le berger américano-

canadien. Aux États-Unis et au Canada, la race est parfois appelée berger allemand blanc.

> Tout commence avec le berger allemand

Pour connaître l'origine du berger blanc, il faut se plonger dans l'histoire du berger allemand. En effet, la race du berger blanc a été créée à partir de chiots berger allemand nés blancs.

Parmi les personnes qui ont œuvré à la création du berger allemand, on peut au final attribuer la paternité de la race au capitaine Max von Stephanitz. C'est vraiment avec lui qu'a abouti le travail de recherche et de sélection en vue de créer une race de chien de berger « idéale ». Pour lui, le chien parfait devait être de conformation solide, endurant, intelligent et avoir une excellente santé, robuste et résistante, ceci afin de pouvoir travailler bien et longtemps. Il devait être stable de caractère, sociable et réceptif à l'éducation. Le chien qui allait servir à la base de sélection du berger allemand fut Hektor Linksrhein, que Max von Stephanitz rebaptisa Horand von Grafrath. Ce chien est né en janvier 1895 chez l'éleveur allemand Friederich Sparwasser. Il n'était pas blanc, mais avait comme ancêtres des chiens comme : Greif, né en 1879, Greifa, Greif II, qui étaient tous des bergers de couleur blanche. Ces chiens appartenaient au baron von Knigge. C'est de ces ancêtres que le berger allemand tient le gène qui permet d'exprimer la couleur blanche. Il était donc normal que, parmi les portées de bergers allemands issues de Horand von Grafrath, certains sujets naissent entièrement blancs. Max von Stephanitz et un de ses

amis, M. Meyer, fondèrent un club de race appelé Union des bergers allemands en 1899, dont Max von Stephanitz fut le président. L'association établit un standard pour la race, un système d'enregistrement et des critères de sélection très stricts. Le premier pedigree fut délivré au chien Horand von Grafrath. Par la suite, plusieurs milliers de pedigree furent délivrés par le club fondé par Max von Stephanitz et M. Meyer, et tous étaient liés au chien Horand von Grafrath.

> Le berger allemand part à la conquête de l'Amérique

C'est en 1906 que la première chienne de race berger allemand pose ses pattes sur le sol américain, il s'agissait de Mira von Offingen, rebaptisée Mira von Dalamore par son propriétaire H. A. Dalrymple. Cette chienne participa à plusieurs expositions, dont celle de New York en 1907. Elle ne fut malgré cela jamais inscrite au registre de l'AKC. En 1912, Ann Tracy, une passionnée de la race, crée la première association du berger allemand d'Amérique, elle importe les meilleures souches de l'élevage allemand et commence la production. Dès les premières portées, des chiots de couleur blanche apparaissent. Le premier berger allemand blanc inscrit à l'AKC fut Stoni Hurst Edmond en 1917. À cette époque, des chiots sont exportés un peu partout dans le monde, mais surtout au Canada.

> Les premiers bergers blancs

En 1933, en Allemagne, le Club du berger allemand décide de supprimer la couleur blanche du standard, dès lors la plupart des éleveurs suppriment les chiots blancs à la naissance. Ceci va avoir pour effet l'extinction quasi-totale de cette variété de berger allemand. Dans le même temps aux États-Unis, les éleveurs prennent le contre-pied, en préservant cette couleur et en la sélectionnant grâce à des accouplements de sujets blancs entre eux.

Les deux types de berger allemand vont ainsi cohabiter jusqu'en 1960, date à laquelle une vraie scission se produit entre les défenseurs des bergers allemands foncés et les adeptes du berger allemand blanc, les premiers accusant les sujets de couleur blanche d'être à l'origine de tous les problèmes de santé que rencontrait le berger allemand. Une lutte a donc démarré pour tenter d'interdire et d'éliminer les sujets berger allemand blancs du paysage cynophile. Pour défendre les intérêts du berger blanc, des

amateurs de cette variété fondèrent en 1964, à Sacramento (Californie), le tout premier club de berger blanc. Sous la pression des défenseurs du berger allemand traditionnel, l'American Kennel Club interdit au berger blanc de participer aux expositions. En 1969, un autre club voit le jour, avec cette fois-ci l'appellation de Club du berger blanc d'Amérique, avec la ferme intention de développer une race à part entière.

En 1971, les premiers bergers blancs font leur apparition en Suisse et au Danemark. Dans le même temps, la race s'est développée aussi au Canada, ce pays travaille sur la sélection et soutient la race. En 1973, un des plus gros clubs du berger blanc, celui de l'Ontario, devient le club national officiel du Canada. À ce titre, il recense les géniteurs et assure la gestion de la race pour tout le pays. En 1981, le Kennel Club canadien refuse le berger blanc dans certaines expositions, mais continue d'accepter la confirmation de ces chiens. Petit à petit, la race du berger blanc prend son indépendance et elle est même réintroduite en Allemagne par la famille de Walter Gembus, grâce à des sujets importés du Canada. D'autres sujets venus des États-Unis suivront. En 1983 afin d'éviter l'association avec le berger allemand, la race change de nom et devient le berger américano-canadien.

En 1984 voient le jour des associations mondiales comme le WAWSO (World Association of White Sheperd Organisation) et l'IWSF (International White Sheperd Federation) créée en 1998, regroupant les clubs de différents pays.

Progressivement, les représentants cynophiles des différents pays européens vont ouvrir leur Livre d'origine à cette nouvelle race qu'est le berger blanc : la Suisse en 1991, les Pays-Bas et l'Autriche en 1999, puis la République tchèque, le Danemark. L'Allemagne, pour sa part, s'y refuse, de même que la France. Le nom de « berger blanc » se généralise à partir de 1998.

La FCI reste sur ses positions et refuse toujours cette reconnaissance, en attendant une demande plus conforme à ses exigences.

La reconnaissance officielle

C'est la Suisse qui réussit à faire reconnaître la race en déposant un dossier complet, qui aboutit à la fin de 2002.

Le berger blanc devient alors le berger blanc suisse (Weisser Schweizer Schäferhund), en date du 26 novembre 2002, sous le n° 347.

En 2003, la France suit la décision de la FCI et reconnaît enfin la race.

En 2004, la Société centrale canine (SCC) prend en stage d'affiliation une des trois associations qui œuvrent pour le berger blanc en France. L'Amicale du chien de berger blanc est choisie au détriment de la Fédération française du berger blanc et du Club français du berger blanc ; ce dernier a décidé de rester en activité jusqu'à la décision finale d'affiliation, avec éventuellement à cette échéance une incitation au regroupement des adhérents. À noter que déjà certains adhérents ont choisi de se tourner vers le seul club officiellement reconnu par la SCC : l'ACBB.

En juillet 2005, une réunion en Autriche a vu la constitution du Club du berger blanc international (BBI).

Les pays membres fondateurs de ce club sont : l'Autriche, la France, l'Allemagne, le Danemark et les Pays-Bas. Bizarrement, la Suisse, pays qui détient le standard, ne fait pas partie de ce groupe de départ. Ce club international a pour objectif de regrouper toutes les associations du berger blanc officiellement reconnues dans leur pays respectif, ceci afin de trouver des synergies pour le développement et la valorisation de la race.

Le recensement du nombre de bergers blancs, inscrits au LOF depuis la date de reconnaissance de la race en 2003, fait apparaître pour :

2003 : 269 inscriptions provisoires au LOF.
2004 : 753 inscriptions provisoires au LOF.
2005 : 853 inscriptions provisoires au LOF.

Le standard du berger blanc

Édité par le club de race dans son pays d'origine, le standard est un texte officiel qui décrit le représentant idéal d'une race, tant sur le plan morphologique que sur le plan du caractère.

Bref aperçu historique

Aux États-Unis et au Canada, les bergers blancs sont devenus peu à peu une race distincte. Les premiers chiens de cette race furent importés en Suisse au début des années 1970. Le mâle américain Lobo, né le 5 mars 1966, peut être considéré comme l'aïeul de cette race en Suisse. Les descendants de ce mâle inscrit au Livre des origines suisse (LOS), à l'instar des autres bergers blancs importés des États-Unis et du Canada, firent progressivement souche et se répartirent partout en Europe, où aujourd'hui un grand nombre de bergers blancs élevés depuis plusieurs générations en race pure existent. Depuis juin 1991, ces chiens sont inscrits en tant que nouvelle race à l'appendice du Livre des origines suisse (LOS).

Aspect général

Chien de berger robuste, bien musclé, de taille moyenne, à oreilles dressées et à poil double de longueur moyenne ou long; il est de forme allongée: doté d'une ossature moyennement lourde, sa silhouette est élégante et harmonieuse.

Proportions importantes

– Inscriptible dans un rectangle légèrement allongé, le rapport entre la longueur du corps (mesurée de la pointe de l'épaule à la pointe de la fesse) et la hauteur au garrot est de 12:10.

– La distance du stop à la truffe dépasse légèrement celle du stop à la protubérance occipitale.

Comportement/caractère

Plein de tempérament sans nervosité, il est attentif et vigilant. Parfois légèrement réservé envers les étrangers, il n'est cependant jamais peureux ni agressif.

Standard du berger blanc suisse

Standard FCI n° 347/18.12.2002/D

Date de publication du standard d'origine en vigueur: 26.11.2002.

Origine: Suisse.

Utilisation: Chien de famille et d'accompagnement, gardien vigilant, qui aime tout spécialement les enfants ; chien de travail plein d'entrain et docile.

Classification FCI:

Groupe 1: Chiens de berger et de bouvier (sauf chiens de bouvier suisses).

Section 1: Chiens de berger. Sans épreuve de travail.

Description de détail

Tête: puissante, sèche, finement ciselée et bien proportionnée au corps; vue de dessus et de profil, elle a la forme d'un coin. Les lignes supérieures du crâne et du chanfrein sont parallèles.

> Région crânienne

Crâne: peu bombé; dépression médiane à peine ébauchée.

Stop: peu marqué, mais nettement visible.

> Région faciale

Truffe: de grandeur moyenne; la pigmentation noire est recherchée; la truffe de neige et la truffe éclaircie sont admises.

Museau: solide, de longueur moyenne par rapport au crâne; le chanfrein et la ligne inférieure du museau sont droits et convergent légèrement en direction de la truffe.

Lèvres: aussi noires que possible, sèches et adaptées.

Mâchoires-dents: denture forte et complète avec articulé en ciseaux, les dents étant

implantées à l'équerre par rapport aux mâchoires.

Yeux: en forme d'amande, de grandeur moyenne, disposés légèrement obliquement; ils sont de couleur brune à brun foncé; les paupières dont le bord noir est recherché épousent bien la forme du globe oculaire.

Oreilles: attachées haut, il s'agit de grandes oreilles portées parfaitement dressées, parallèles et pointant bien vers l'avant en forme de triangle allongé qui s'arrondit légèrement à son extrémité.

> Cou

De longueur moyenne et bien musclé, il se greffe harmonieusement sur le tronc; pas de fanon; la ligne supérieure du cou, galbée avec élégance, va en continu de la tête portée modérément haut jusqu'au garrot.

> Corps

Vigoureux, bien musclé, de longueur moyenne.

Garrot: bien sorti.

Dos: horizontal, solide.

Rein: fortement musclé.

Croupe: longue et de largeur moyenne; à partir de son attache, elle s'incline doucement vers la racine de la queue.

Poitrine: pas trop large, bien descendue jusqu'au niveau du coude, elle mesure en hauteur environ la moitié de la hauteur au garrot. Cage thoracique ovale, bien développée vers l'arrière, avec poitrail marqué.

Ventre et flancs: déliés et fermes; ligne du dessous légèrement remontée.

> Queue

En forme de sabre, bien touffue sur tout son pourtour, elle va en s'amenuisant vers son extrémité; attachée plutôt bas, elle atteint au minimum le jarret; au repos, elle pend ou elle est légèrement incurvée vers le haut dans son dernier tiers; quand le chien est en éveil, elle est portée plus haut, mais jamais plus haut que la ligne du dos.

> Membres

Forts, secs, de largeur et épaisseur moyennes.

Membres antérieurs: vus de face droits et modérément écartés; vus de profil bien angulés.

Épaules: omoplate longue, bien oblique et formant un angle correct avec le bras; toute la région de l'épaule est bien musclée.

Bras : de bonne longueur, fortement musclé.

Coudes : bien au corps.

Avant-bras : long, droit et sec.

Métacarpes : solide, peu fléchi.

Membres postérieurs : vus de derrière droits et parallèles, modérément écartés ; vus de profil bien angulés.

Cuisse : de longueur moyenne, fortement musclée.

Jambe : de longueur moyenne, en position oblique, bien musclée et dotée d'une forte ossature.

Jarret : solide, d'une bonne angulation.

Métatarse : de longueur moyenne, droit, sec ; les ergots doivent être éliminés sauf dans les pays où leur excision est interdite par la loi.

> Pieds

Ovales ; les pieds postérieurs sont un peu plus longs que les pieds antérieurs ; doigts bien serrés et cambrés ; coussinets fermes, résistants et noirs ; ongles de couleur foncée recherchés.

> Allures

Démarche au rythme régulier, dégagée et soutenue : foulées de grande amplitude avec poussée puissante ; au trot le mouvement est étendu et facile.

> Peau

Exempte de plis, d'une pigmentation foncée.

> Robe

Poil : double de longueur moyenne ou longue, dense et bien couché ; sous-poil abondant ; poil de couverture lisse et dru ; la face, les oreilles et les faces antérieures des membres présentent un poil un peu plus court ; à la nuque et à la

face postérieure des membres, le poil est un peu plus long; un poil légèrement ondulé, mais dur est admis.

Couleur: blanche

Taille et poids

Hauteur au garrot: mâles 60-66 cm; femelles 55-61 cm.

Poids: mâles 30-40 kg environ; femelles: 25-35 kg environ.

Les sujets bien typés d'une taille légèrement au-dessus ou au-dessous de la fourchette prévue par le standard ne doivent pas être éliminés.

Défauts

Tout écart par rapport à ce qui précède doit être considéré comme un défaut qui sera pénalisé en fonction de sa gravité.

> Défauts légers

Présence discrète de poil fauve charbonné clair (léger ombrage de couleur jaunâtre à rouge brun) à la pointe des oreilles, sur le dos et sur la queue.

Ladre à la truffe, aux lèvres et/ou au bord des paupières.

> Défauts graves

– Sujets d'aspect disgracieux, de forme carrée (trop courte).

– Caractères sexuels distinctifs des mâles et des femelles insuffisamment marqués.

– Absence de plus de deux PM1; les M3 ne sont pas prises en considération.

– Oreille tombante, oreille semi-tombante, oreille cassée.

– Ligne du dos fortement déclive.

– Queue enroulée, cassée, en crochet, portée sur le dos.

– Poil de couverture souple, soyeux, laineux, bouclé, mal couché; poil nettement long sans sous poil.

Présence marquée de poil de couleur fauve charbonné clair (marques de couleur jaunâtre à rouge brun) à la pointe des oreilles, sur le dos et sur la queue.

> Défauts éliminatoires

– Chiens peureux, chiens agressifs.

– Un œil ou les deux yeux bleus. Œil globuleux.

– Entropion, ectropion.

– Prognathisme supérieur ou inférieur, arcade incisive déviée.

– Truffe, lèvres et bord des paupières totalement dépigmentés.

– Peau et coussinets totalement dépigmentés.

– Albinisme.

N. B. : Les mâles doivent avoir deux testicules d'aspect normal complètement descendus dans le scrotum.

La robe du berger blanc

Le blanc n'est pas à proprement dit une couleur individuelle, mais il résulte de la combinaison de toutes les couleurs du spectre solaire. Tout comme la neige qui apparaît blanche, le poil du berger blanc suisse est le résultat de l'exposition à la lumière des particules d'air emprisonnées dans la structure transparente du poil. Chez le berger blanc suisse, la particularité de son pelage immaculé a bien failli causer sa perte, bien avant que la race elle-même n'existe. En effet, les éleveurs de bergers allemands voyaient, dans l'apparition de chiots blancs au milieu des portées, le signe d'une forme de dégénérescence pour la race qu'il fallait à tout prix combattre. Ceci passa par l'élimination de nombreux chiots qui étaient apparentés à des sujets albinos. Le développement de la cynotechnique a permis de démontrer que le pelage du berger blanc n'était en rien le résultat d'une quelconque dégénérescence, ni d'une forme d'albinisme, mais bien l'expression génétique d'une des trois robes primaires et unicolores connues chez le chien. Selon un rapport du professeur B. Denis, on peut séparer les robes unicolores en trois catégories :

– les robes sombres dont la couleur provient d'un pigment qui est l'eumélanine ;

– les robes claires dont la couleur provient d'un pigment qui est la phaeomélanine ;

– les robes blanches dont la couleur provient de l'absence de pigment.

Il faut chez le berger blanc dissocier la couleur de la robe de celle des muqueuses. Il est reconnu que la couleur du poil du berger blanc résulte de l'absence de pigment dans celui-ci, alors que la truffe, les paupières, les babines sont colorées en noir, signe de l'expression de l'eumélanine.

Le caractère du berger blanc

Le berger blanc a naturellement un bon caractère. Cependant, pour que votre futur compagnon soit un sujet bien équilibré, il faudra qu'il ait été correctement sociabilisé.

Sa mère elle-même doit être bien dans sa tête et dans ses poils. Avant la naissance de ses petits, elle aura vécu une gestation surveillée, saine et sans stress dans un environnement adapté.

Les chiots, eux, auront évolué dans un environnement serein, leur mère les aura maternés et éduqués suffisamment longtemps ; en parallèle, l'éleveur aura veillé à leur apporter de nombreuses expériences (contacts humains, stimuli et découvertes sensorielles diverses, contacts avec d'autres congénères ou d'autres animaux...).

Un chien polyvalent

Le berger blanc est très apprécié, compte tenu de ses nombreuses utilisations et qualités. C'est un excellent chien de travail et un agréable chien de compagnie.

Il est proche de son maître et de sa famille et, pour son bien-être, il faut lui consacrer beaucoup de temps ; chien fidèle et courageux, qu'on ne laisse pas seul trop longtemps dans un appartement et qu'on n'attache pas au fond du jardin dans une niche. Il en serait bien malheureux et ne manquerait pas de vous le montrer, notamment en devenant destructeur. Il est plein d'énergie et doit régulièrement se dépenser. Avant de faire l'acquisition d'un berger blanc, pensez bien que, si vous travaillez toute la journée, si vous n'êtes pas un minimum sportif, ce merveilleux compagnon n'est probablement pas fait pour vous.

Sa beauté, son intelligence et sa gentillesse ne doivent pas nous faire oublier que c'est avant tout un chien de berger qui ne doit pas rester inactif. De nombreuses possibilités vous sont offertes dans les sports canins : agility, obédience, canicross... Ces disciplines éducatives et sportives combleront votre compagnon. Elles se pratiquent avec le maître ou sa famille et permettent de lui assurer une parfaite forme physique et psychique. Son endurance lui permettra de vous accompagner l'été en randonnées pédestres ou à vélo ou encore l'hiver en raquettes ou en ski.

Il peut, au premier contact avec les étrangers, être un peu réservé, mais pas peureux. Son caractère est affirmé, c'est pourquoi il ne faut pas commettre d'erreur dans son éducation qui doit être fondée sur le respect et la fermeté, c'est un chien sensible, donc jamais de brutalité. Il doit comprendre dès le départ quelle est sa place dans la hiérarchie. Son intelligence lui permet de bien assimiler les ordres qu'on lui demande, il est dévoué et son plus grand plaisir sera de vous apporter satisfaction, notamment lors de disciplines sportives ou tout simplement lors de séances d'éducation ou de jeu.

Il s'avère être un excellent gardien et saura vous prévenir contre toute situation anormale.

Le berger blanc est un chien bien équilibré, sous réserve qu'il ait été correctement socialisé.

C'est un excellent compagnon avec les enfants qui sauront le respecter, compagnon gentil, patient, protecteur et joueur.

Avec les autres animaux, le contact ne pose aucun problème, il n'est pas bagarreur, et cohabitera volontiers avec un autre chien ou même un chat.

Le berger blanc, par ses qualités, se distingue dans d'autres disciplines plus utilitaires telles que chien d'assistance, chien de pistage, chien de sauvetage, chien de décombres…

Activités, sports et utilisation

Le berger blanc, dont l'origine est le berger allemand, sélectionné pour être l'auxiliaire idéal de l'homme, a été utilisé pour surveiller et conduire les troupeaux, mais surtout pour protéger les biens et les personnes. Aujourd'hui, il séduit par sa polyvalence et l'étendue de ses capacités. Son endurance et son caractère volontaire lui permettent de se distinguer dans de multiples circonstances au service de l'homme et dans de nombreuses disciplines sportives et familiales.

> L'agility

Un parcours d'agility est une course d'adresse dont les difficultés sont plus ou moins complexes. Il a pour but de faire passer les obstacles dans un certain ordre et dans un certain temps. Le chien n'est pas tenu en laisse et évolue librement. Ce sport demande un minimum d'édu-

cation et d'obéissance, il favorise l'intégration du chien dans notre société. Le berger blanc est agile, endurant et rapide, et c'est sans difficultés qu'il excelle dans ce sport. Une bonne harmonie et une totale confiance entre maître et chien sont toutefois nécessaires. Nous pouvons voir en cette discipline une manière d'éduquer le chien. Par une multitude d'exercices, il apprend à se maîtriser, et avant tout acquiert les bases élémentaires de l'éducation. Cet excellent exercice d'obéissance est très bénéfique pour son équilibre physique et psychologique, et favorise les contacts entre humains et congénères.

Nous pouvons considérer l'agility comme un jeu créatif et sportif, complet sur tous les plans pour le maître et son compagnon.

> Le canicross

Cette discipline s'adresse à des maîtres un minimum sportifs. Elle a pour but de rassembler bon nombre de propriétaires de chiens de toutes races, y compris les bâtards, pourvu qu'ils soient tatoués ou identifiés par puce électronique, et vaccinés. Matériellement, un collier (non étrangleur) et une laisse suffisent pour le chien, et une bonne paire de chaussures de course pour le maître. Et dans une ambiance généralement très amicale, bergers blancs, caniches ou autres huskies prennent le départ d'un itinéraire pouvant être variable. Le chien est tenu en laisse, souvent attaché à la ceinture de son maître et tous deux parcourent leur distance au pas de course dans un milieu naturel balisé. Certains pratiquent cette discipline en professionnels et d'autres en amateurs.

Vous pouvez encore pratiquer d'autres loisirs comme le Flyball. Cette discipline est encore peu développée en France. Elle nécessite rapidité et agilité. Ce sport se pratique par équipe. Le chien franchit une succession d'obstacles, déclenche le mécanisme d'un dispositif qui éjecte une balle, rapporte cette dernière à son conducteur en parcourant le trajet inverse.

> L'obédience

Cette discipline d'origine britannique est presque inconnue en France bien qu'elle y ait été reconnue depuis 1993 sous le nom d'« obéissance ». Elle est d'une approche moins sportive que l'agility ou le canicross. Elle est plutôt tournée vers l'éducation du chien et de son comportement, et ceci en toutes circonstances. Elle permet d'apprendre au chien certains ordres principaux, tels que la marche, avec ou sans laisse, la marche au pied, le « assis », le « couché », le rappel, le rapport d'objets.

> Le pistage

Le flair exceptionnel et la persévérance du berger blanc en font un excellent pisteur. La mission consiste alors à rechercher une ou plu-

sieurs personnes, à partir d'indices olfactifs ; le chien doit suivre la piste tracée et découvrir des objets perdus ou cachés.

De nombreux facteurs influent sur l'aboutissement de la recherche :

– les conditions atmosphériques, tels le froid, la chaleur, les précipitations, le vent ;

– la nature du terrain ;

– la longueur du tracé, l'ancienneté des odeurs ;

– la forme physique du chien.

> Le chien de sauvetage

La nature est parfois cruelle, l'homme stupide. Ses caprices font souvent des victimes lorsqu'elle se déchaîne dans de terribles catastrophes comme les séismes ou lorsqu'elle sanctionne l'inconscience de l'homme qui s'aventure dans des domaines non sécurisés comme la montagne, par exemple lors des randonnées ou de ski hors piste.

Lors de ces terribles catastrophes, le chien est alors sollicité pour sauver des vies ; sa dévotion est alors sans limites. Par ses qualités olfactives, son agilité et sa ténacité, le berger blanc est un compagnon performant utilisé par les pompiers maîtres chiens dans la recherche de personnes disparues, notamment comme chien de décombres, ou encore par les sauveteurs en haute montagne comme chien d'avalanche.

> Le chien d'assistance

Le berger blanc peut être chien guide d'aveugle. Il est choisi, comme le labrador ou le golden retriever, en fonction de ses qualités d'obéissance et de ses capacités à l'apprentissage. Les chiots retenus sont placés dans des familles d'accueil et reçoivent en parallèle une formation dans une école de chiens guides. Après plusieurs mois d'obéissance et d'éducation, le berger blanc sera prêt à accompagner un non-voyant pendant plusieurs années et lui permettra d'améliorer son quotidien.

> Le chien de patrouille

Le berger blanc est intelligent et courageux, ce qui lui permet d'être aussi utilisé comme chien de patrouille par les agents de sécurité ou les polices municipales.

Le berger blanc peut s'avérer également être un excellent chien de traîneau ou d'attelage.

Bien vivre avec son berger blanc

L'ÉDUCATION DU BERGER BLANC

Vous êtes désormais en possession d'un joli bébé berger blanc tout mignon. Il faut maintenant poursuivre le travail de l'éleveur et commencer son éducation sans tarder.

Des erreurs à ne pas commettre

Ne vous laissez pas attendrir par son regard et sa jolie frimousse ; la fermeté est de rigueur, la brutalité est à proscrire. Bien prendre en main l'éducation de votre nouveau compagnon est primordial surtout les six premiers mois de sa vie. De graves erreurs pourraient entraîner des troubles du comportement gênants dans notre société et les corriger à l'âge adulte s'avérerait long et difficile.

Ultérieurement, vous devrez être capable de contrôler votre chien, quelle que soit la situation, prévisible ou inattendue. Le berger blanc est intelligent et comprendra bien vite ce que vous attendez de lui.

Un chiot ne s'acquiert pas avant l'âge minimum de deux mois. S'il est retiré trop tôt de son milieu maternel, il développera probablement des troubles du comportement. L'éducation doit commencer d'abord par l'apprentissage de la propreté pour ensuite se poursuivre par des notions de savoir-vivre et de socialisation. En différentes occasions, il ne manquera pas de vous tester, restez très stricte sur vos positions de maître, ne cédez pas sur les interdits et maintenez rigoureusement votre fermeté. Votre chiot saura profiter de la moindre faiblesse de votre part.

Si la famille est nombreuse, toutes les personnes devront utiliser le même langage pour les ordres, des mots courts et simples de préférence, et s'en tenir aux règles établies du départ.

L'intonation de la voix et vos attitudes suffisent pour que votre chiot comprenne s'il fait bien ou mal.

Les étapes d'une vie de chiot

Trois principales étapes font partie de la vie d'un chiot.

> La phase néonatale

La phase néonatale débute à la naissance du chiot et dure 2 semaines environ. Le chiot dépend alors entièrement de sa mère qui le nourrit et stimule ses fonctions pour uriner et déféquer. Les deux seuls sens dont il dispose sont le toucher et l'odorat. En dehors de ses tétées, il ne fait que dormir.

> La phase de transition

Vient ensuite la seconde étape, du quinzième au vingt et unième jour, où la vue du chiot se développe, il se déplace mieux, il possède les sens du goût, de l'ouïe et de l'odorat.

> Période de conscience et de socialisation

La troisième étape, du vingt-deuxième jour à la fin de l'adolescence, est une période où le chiot acquiert différents comportements. Il

découvre le jeu avec ses frères et sœurs. Son caractère s'affirme, il est dominant ou dominé. Les contacts humains doivent être privilégiés pour instaurer un bon équilibre psychologique et un climat de confiance entre l'homme et le chiot.

L'arrivée du chiot

Pour le retour à la maison, il serait judicieux qu'une personne vous accompagne, le passager pourra ainsi veiller au chiot pendant que vous conduirez. Ce voyage se doit d'être le plus rassurant possible. L'éleveur aura sûrement pris soin de ne pas trop le nourrir les heures précédant son départ. Munissez-vous d'une petite couverture, de papier absorbant, d'une gamelle et d'une bouteille d'eau, d'une laisse et d'un collier adapté à sa taille. Pendant le trajet, arrêtez-vous régulièrement, choisissez un endroit calme, faites le boire, laissez-le se dégourdir les pattes et faire ses besoins. Si aucune personne ne peut vous accompagner, prévoyez une caisse de transport.

> Un nouvel environnement

Avant de rentrer pour la première fois dans votre maison, faites lui en faire le tour, laissez-le se soulager, ensuite rentrez-le. Laissez le visiter les lieux à son gré sous votre surveillance. Posez de suite les interdits, chambre à coucher, canapés.

À l'intérieur, il doit avoir son coin à lui, un endroit pour dormir, et un autre pour manger. N'investissez pas dans une corbeille en osier, ce sont des frais inutiles compte tenu que, comme beaucoup de chiots, il risque très rapidement de l'utiliser pour se faire les dents. Optez éventuellement pour une corbeille plastique et pour une petite couverture facile d'entretien.

Son coin doit être tranquille, éclairé et aéré, à l'abri des va-et-vient et des courants d'air et facile à nettoyer.

Les premiers jours, il faut limiter son territoire, et ce, jusqu'à ce qu'il soit propre, pour lui laisser par la suite libre accès à plus d'espace.

> Le nourrir

Deux écuelles lui sont nécessaires, une pour l'eau, l'autre pour la nourriture. Son alimentation ne devra pas immédiatement être modifiée. L'éleveur vous aura probablement remis un peu de sa nourriture habituelle pour quelques jours, le temps que vous puissiez vous approvisionner. Si plus tard, vous décidez de nourrir différemment votre chiot, alors faites

le progressivement sur une période d'une dizaine de jours. Mais ses premiers repas à la maison (trois par jour à l'âge de 2 mois) doivent être identiques à ceux de l'environnement qu'il vient de quitter. Le chien mange toujours après vous. Lorsque vous lui donnez ses repas, faites le d'abord asseoir, puis lorsqu'il mange, mettez les mains dans sa gamelle, il ne doit ni grogner ni montrer les dents.

> La place des enfants

Si vous avez des enfants, vous aurez pris soin, avant l'arrivée du chiot, de leur donner quelques conseils et consignes, pour le bien-être du nouveau venu et pour le leur. Un animal (quel qu'il soit) n'est pas une peluche, c'est

Le chien et la loi dans la vie quotidienne

De nombreux foyers français possèdent un chien. Le non-respect de certaines règles et le manque de civisme de certains propriétaires peuvent entraîner de réels problèmes et des conflits dans la vie quotidienne. Aussi pour que vous et votre berger blanc viviez en parfaite harmonie, mieux vaut dès le départ opter pour un comportement responsable.

Dans tous les cas, votre intérêt est d'avoir un chien bien éduqué, il sera alors un merveilleux compagnon. En revanche, un chien mal éduqué va créer des problèmes et votre berger blanc deviendra alors une charge pour vous.

un être vivant qui mérite respect et attention. Petit, il dort beaucoup et ne doit pas être dérangé par caprice ou simple jeu de vos enfants.

Ce premier jour est pour le chiot un changement brutal, il quitte son environnement familial pour se retrouver dans un monde inconnu où il se passera volontiers des harcèlements et des cris de vos enfants. On n'invitera pas non plus toute la famille et tous les voisins pour faire une fête bruyante qui perturberait plus encore la première journée de votre chiot à la maison.

> La première nuit

La première nuit sera sûrement un peu difficile, pour lui et pour vous. Ne le faites pas dormir dans votre chambre, installez-le dans le coin que vous aurez aménagé à cet effet. Il sera probablement un peu perdu, surtout ne cédez pas à ses gémissements, attendez qu'il se calme et qu'il s'endorme. S'il pleure, ne le disputez pas, cela ne ferait qu'accroître ses angoisses. Vous pouvez éventuellement lui laisser un réveil avec un bon vieux tic-tac qui apaisera un peu ses craintes et, la journée, si vous vous absentez, mettez-lui la radio, cette présence aura pour effet de le rassurer.

Attention aux dangers de la maison, certains peuvent lui être fatals, fils électriques, plantes toxiques, produits d'entretien, petits jouets des enfants… Sachez qu'un chiot ramasse souvent tout ce qui traîne et avale un peu tout et n'importe quoi. Les conséquences peuvent être dramatiques.

La première éducation

À table, ne lui donnez rien à manger ; s'il vous regarde et vous fait les yeux doux, restez indifférent, s'il insiste, repoussez-le et dites le « NON » d'interdiction: il comprendra très vite.

Certains chiots ont tendance à mordiller les doigts ou encore les chevilles par-derrière ; cette attitude doit être systématiquement punie et cesser immédiatement, de même il ne doit jamais vous montrer les dents.

Évitez à votre berger blanc les montées et descentes d'escaliers trop nombreuses. Au besoin, et tant qu'il est chiot, portez-le. Pour cela ne le soulevez pas par les pattes avant, mais placez une main sous la poitrine et l'autre sous la croupe et levez-le. Ou alors portez-le comme un paquet, entourez-le de vos deux bras et soulevez-le.

> Les sorties

Ses premières sorties doivent être fréquentes et pas trop longues. Ne forcez pas sur l'exercice, trop d'efforts nuiraient à la bonne construction de son squelette. Laissez-le se dépenser selon ses besoins. Emmenez-le partout avec vous ; toutes les expériences vécues, dans la mesure où elles se déroulent dans un climat de confiance, sont bonnes à prendre pour l'avenir. Cependant, évitez qu'il ne renifle les urines ou les excréments d'autres chiens.

Habituez-le rapidement au collier et à la laisse, cette dernière doit être solide (cuir ou nylon). Le collier ne doit pas au départ être un achat onéreux, le chiot grandit vite et, selon le modèle, deux ou trois colliers de taille différente seront nécessaires. Pour l'apprentissage du collier et de la laisse, procédez avec douceur, par de petites séances. Au début, il ne voudra pas avancer, il s'assoira, mordillera la laisse ou se grattera. Ne le brusquez pas. Ne tirez pas sur la laisse avec force pour le faire avancer. Commencez dans un lieu calme et rassurant et récompensez-le dès qu'il le mérite.

> Les jouets

Certains chiots font des bêtises, d'autres pas. Votre berger blanc doit avoir un jouet à lui, à mordiller. S'il n'a rien, il choisira peut-être l'un de vos meubles pour se faire les dents. Offrez-lui par exemple un gros os en peau de buffle (que vous trouverez dans les supermarchés). Si malgré tout il ronge les pieds de votre table en bois ou autre, vous pouvez mettre quelques gouttes d'essence de citronnelle sur ces endroits-là, ce qui le dissuadera (produit vendu en pharmacie et peu onéreux). Ne l'habituez pas à jouer avec une vieille chaussure, car s'il en a l'occasion, il ne fera pas la différence entre une chaussure en cuir neuve et la vieille avec laquelle vous l'avez habitué à jouer. Attention à certains jouets non adaptés pour le chien, ils peuvent être dangereux s'il les avale (petits objets, balles de petite taille).

L'apprentissage de la propreté

Apprendre la propreté à votre chiot est l'une des premières priorités, pour son bien-être et pour le vôtre.

Dès la sixième semaine le chiot choisit son coin « pipi ». Il prend soin de ne pas faire où il dort.

Une des solutions consiste à mettre un journal dans un coin, par la suite il ira régulièrement à cet endroit pour se libérer. Il deviendra alors judicieux de déplacer le journal vers la porte donnant sur l'extérieur et, petit à petit, il comprendra qu'il doit faire ses besoins dehors; et il se dirigera vers la porte pour demander à sortir. La méthode du journal est fréquemment utilisée à l'élevage dès le premier mois du chiot; elle est efficace en cas de besoins pressants, mais il faut éviter de l'utiliser trop longtemps. Généralement le chiot fait ses besoins au réveil et à la fin de ses repas. Sortez-le régulièrement et le plus souvent possible. S'il tourne en rond ou s'il s'accroupit en levant la queue, emmenez-le vite dehors, au jardin ou dans le caniveau, selon votre situation. Ne manquez pas de le féliciter s'il satisfait à ses besoins à l'endroit voulu, de préférence toujours au même endroit. Prenez les devants, n'attendez pas qu'il fasse à l'intérieur. Cependant, les accidents sont inévitables car le tout jeune chien a besoin de se soulager très souvent. S'il s'est laissé aller dans votre appartement pendant votre absence, ne le punissez pas à votre retour, sortez-le et nettoyez sans sa présence; surtout ne lui mettez jamais le nez dedans, il ne comprendrait pas la punition. Soyez attentif et patient, et vous verrez que l'apprentissage de la propreté sera vite acquis.

Lorsque vous sortez dans des lieux publics avec votre chien, n'oubliez pas de glisser dans votre poche un petit sac plastique, faites preuve d'un peu de civisme: si votre « toutou » ne peut pas se retenir, ayez l'initiative de ramasser. Ce simple geste permet d'éviter bien des désagréments pour vous-même et pour les autres, et de laisser place propre. Respectez aussi les endroits interdits aux chiens, tels les parcs publics et les jardins d'enfants, les plages…

Une punition ou une récompense n'est comprise par le chiot que si elle lui est transmise immédiatement après un acte ou un ordre donné. Il est réprimandé s'il est pris sur le fait dans le cas d'un comportement fautif, il est récompensé s'il vient de répondre positivement à une demande.

Les premiers ordres

Vous pouvez lui transmettre les ordres par la parole, les gestes ou les deux ensembles.

La laisse et le collier ont l'avantage de maîtriser le chien tant qu'il n'obéit pas complètement.

La récompense est indispensable lorsqu'il répond correctement à votre ordre, que ce soit par des caresses, par des friandises ou par des félicitations. Dans le cas inverse, restez neutre ou indifférent. Soyez patient, et enseignez-lui un ordre à la fois. Les séances d'éducation ne doivent pas durer trop longtemps, environ un quart d'heure, mais doivent être répétées et régulières. Elles doivent se dérouler dans un endroit calme. Ne passez d'un exercice à un autre que lorsque le précédent a été parfaitement assimilé.

> La marche au pied

Marchez en ligne droite, le chien de préférence à votre gauche (il doit en tout cas toujours être du même côté) et, d'une voix ferme, dites-lui « Médor, au pied ». Il ne doit partir ni trop à l'avant ni trop à l'arrière de votre jambe. Sa tête ne doit pas dépasser votre genou. Ne le laissez

pas jouer avec sa laisse, comme tout jeune chien est tenté de le faire. Utilisez pour cet exercice une laisse courte. S'il part un peu trop en avant, tirez d'un coup sec sur la laisse et redites-lui « au pied ».

> Le rappel

Mettez-lui le collier et attachez à ce dernier une longue laisse ou corde (l'idéal est une laisse à enrouleur). Laissez aller votre chiot quelques mètres devant vous, puis appelez-le par son nom suivi de « au pied » et ramenez-le à vous doucement. Félicitez-le. Il associera bien vite le rappel au pied à une caresse ou à une gourmandise, puis à force d'exercices il exécutera l'ordre sans laisse. Dans le cas où il ne reviendrait pas tout de suite au pied, ne le réprimandez pas, sinon il associera le retour à une punition ; ne lui courez pas non plus après, éventuellement partez dans la direction opposée. Restez simplement indifférent et, lorsqu'il se décide à vous rejoindre, récompensez-le.

> Le « Assis »

Mettez votre main sur le bas de son dos et appuyez doucement mais fermement, en lui disant « assis ». C'est un des exercices qu'il assimile le mieux et, très vite, il l'effectuera sans laisse et sans que vous le touchiez.

> Le « Couché »

Faites d'abord asseoir votre chien, puis montrez-lui la position couchée, en lui tirant doucement les pattes avant. N'oubliez pas de joindre le geste à la parole.

Par la suite, vous pourrez faire travailler votre compagnon dans d'autres milieux comme la ville ou autre afin que, quel que soit l'endroit où il se trouve, il sache qu'il doit répondre à vos ordres.

Ces premiers exercices sont les premières bases de l'obéissance. Lorsque votre berger blanc les connaîtra parfaitement, vous pourrez passer à d'autres notions d'éducation moins primordiales comme « rapporte » ou « pas bouger… ».

> Le clicker

Le clicker est une toute petite boîte rectangulaire, sur laquelle on appuie et qui émet un son (click) quand on l'utilise. Pour l'éducation, on l'associe à des friandises. Le maître donne un ordre à son chien, il « clicke » et lui remet une récompense s'il a exécuté son ordre. L'éducation au clicker est une méthode basée sur le jeu et très efficace.

> La solitude

Apprendre à votre berger blanc à rester seul est essentiel. Certaines circonstances de la vie peuvent faire que, de temps à autre, il ne pourra pas vous accompagner et qu'il devra rester seul quelques heures à la maison.

Mieux vaut lui inculquer cette notion de solitude de suite.

Évitez de faire coïncider l'arrivée du chiot avec vos vacances, sans quoi il risquerait, au terme de vos congés passés avec lui, de vous montrer son désarroi et son mécontentement face à une solitude brutale et longue à laquelle il n'avait jusque-là jamais été confronté.

Commencez par vous absenter de courts moments. Avant votre départ, soyez indifférent,

ne lui faites pas tout un discours justifiant votre absence ; de toute façon, il ne comprendrait pas. À chaque retour, occupez-vous de lui, jouez avec lui, emmenez-le promener. Les retrouvailles, même après un court moment, doivent être chaleureuses. Il doit être rassuré et ne pas considérer la solitude comme une punition, mais comme une situation occasionnelle normale. Par habitude, il deviendra serein pendant vos absences.

Son comportement avec les autres animaux

La cohabitation avec les autres animaux ne pose aucun problème, dans la mesure où le premier contact se déroule dans un climat serein et de confiance. Le berger blanc s'entend tout aussi bien avec un gros chien ou un plus petit, ou un chat ou autre. Dans le milieu familial, chacun trouvera sa place dans la hiérarchie, le maître restant le principal dominant. À l'extérieur, en promenade ou ailleurs, et lors de rencontres avec des chiens étrangers, il restera neutre ou alors voudra jouer, assurez vous toujours auprès des maîtres que leurs chiens soient sociables, une mauvaise expérience (une rencontre avec un sujet agressif par exemple) pourrait avoir de graves conséquences sur le comportement futur de votre animal.

> Les nuisances sonores

Que vous viviez dans un immeuble ou dans une zone pavillonnaire, votre animal ne doit pas déranger les voisins par des aboiements incessants, que ce soit de jour comme de nuit, d'où l'intérêt de l'habituer à la solitude.

> L'accès des chiens dans les lieux publics

Pour des raisons évidentes d'hygiène, nos amis les chiens sont interdits dans les magasins d'alimentation. Une affiche le mentionne à l'entrée des établissements concernés et souvent, devant les petits commerces, un crochet permet d'attacher la laisse de votre animal le temps que vous achetiez votre baguette de pain.

La plupart des squares municipaux interdisent également l'accès à nos compagnons, principalement pour des problèmes d'hygiène. Sachez enfin que sur les voies publiques votre chien doit être tenu en laisse.

Laissez la rue et les trottoirs propres, ramassez toujours les déjections de votre animal.

Ne le laissez pas divaguer. Un chien est considéré en état de divagation dès qu'il est hors de portée de vue et de voix de son maître.

Un peu de savoir vivre et un chien bien éduqué sont les deux principaux facteurs pour favoriser les rapports entre humains dans notre société.

Voyager avec son berger blanc

Acquérir un chien, c'est s'engager trois cent soixante-cinq jours par an et pendant toute sa vie. Il faut assumer son choix la semaine, les week-ends et bien sûr pendant les vacances. Votre berger blanc sera votre compagnon de tous les jours. Il sera heureux de vous accompagner pendant vos congés et de participer à vos loisirs ; à vous de vous informer sur les possibilités d'acceptation des chiens sur vos lieux de déplacements.

> En voiture

La voiture étant le moyen de transport le plus utilisé, vous aurez pris soin de l'habituer dès son plus jeune âge. Les trajets se doivent d'être le plus rassurants possible. Le mieux est de limiter sa ration alimentaire les heures précédant le départ, on évitera ainsi les vomissements. Pour des raisons de sécurité, sa place idéale serait dans une caisse de transport adaptée à sa taille et située à l'arrière du véhicule. Si vous n'en possédez pas ou si votre véhicule n'est pas assez grand pour en contenir une, alors vous pouvez installer une barrière entre l'arrière et l'avant de la voiture, il existe différents modèles sur le marché. En aucun cas vous ne devez mettre votre chien dans un coffre fermé. Sa place doit être confortable et correctement ventilée. Sur une longue distance, faites des poses régulières, donnez-lui à boire et sortez-le pour qu'il se dégourdisse les pattes et qu'il se soulage. Ne le laissez pas mettre sa tête à la fenêtre, ce n'est bon ni pour ses yeux, ni pour ses oreilles. À l'arrêt et au soleil, ne laissez jamais votre compagnon enfermé dans la voiture, il pourrait souffrir et mourir d'un coup de chaleur. Méfiez-vous des vols de chiens, il arrive plus souvent qu'on ne le croit que les vitres d'un véhicule en stationnement soient brisées et le chien disparu.

> En train

Lorsque vous prendrez vos billets, n'oubliez pas d'informer la personne du guichet que

votre chien vous accompagne. Vous devrez, compte tenu de son poids, lui acheter un ticket de transport dont le prix sera demi-tarif par rapport au prix d'un adulte. Seuls les chiens dont le poids est inférieur à 6 kg peuvent voyager dans un « sac » et à moindre coût.

Avant le départ, comme pour les voyages en voiture, vous limiterez sa ration alimentaire et vous veillerez à ce qu'il ait fait ses besoins. Dans le train, il devra être tenu en laisse, voire être muselé, et ne pas importuner les autres voyageurs.

> En avion

Le jour où vous réservez vos billets, prévenez la compagnie que votre animal sera du voyage.

Jusqu'à 5 kg, votre chien peut voyager avec vous dans un sac de transport (peu probable avec le berger blanc). Au-delà, il devra aller en soute dans une cage réglementaire. Mettre dans cette dernière un objet familier ou un vêtement vous appartenant peut le rassurer et apaiser son voyage. Selon la longueur du vol, vous pourrez demander au préalable, à votre vétérinaire, un léger sédatif. Il sera moins stressé. Comme précédemment, pas de gros repas pendant les heures qui précèdent le vol, et une sortie « besoin » avant de le mettre dans sa cage.

Ces trois moyens de transport sont les principaux. Toutefois en ce qui concerne les voyages en bateau, il est utile pour les formalités de se renseigner auprès des compagnies maritimes, l'admission des chiens pouvant varier selon la destination et la compagnie.

Dans tous les cas, munissez-vous de son carnet de santé et de son passeport si vous partez à l'étranger. Ils doivent être à jour. Si vous êtes en possession d'une femelle et qu'elle soit en période de chaleur, évitez les voyages et, si votre femelle est gestante, ne l'emmenez en aucun cas dans vos déplacements.

Si vous partez dans un pays étranger, informez-vous à l'avance sur la législation sanitaire du pays de destination. Certains pays exigent, en plus des certificats antirabique et de bonne santé, une mise en quarantaine.

> À l'hôtel ou au restaurant

Toutes les structures hôtelières n'acceptent pas les chiens ; aussi avant votre départ, renseignez-vous sur les différents établissements, informez le personnel que votre chien vous accompagne. Certains hôtels peuvent demander une participation financière. Dans votre chambre, ne laissez pas votre animal seul trop longtemps, respectez le mobilier et la vie des autres usagers. Tenez-le en laisse pour sortir.

Dans les restaurants, demandez l'autorisation pour qu'il vous accompagne. Dans l'affirmative et dans la mesure du possible, demandez une table un peu à l'écart (pour qu'il ne gêne ni le personnel, ni les autres convives et vice versa).

Au même titre que les hôtels ou les restaurants, tous les campings n'acceptent pas les chiens.

Il est donc important avant tout projet de départ de vous informer sur les lieux et les règlements des différents établissements.

À la mer, de nombreuses plages sont strictement interdites aux chiens, de même à la montagne, mais dans une moindre mesure ; certains espaces n'acceptent pas nos compagnons même tenus en laisse, notamment dans les réserves naturelles.

Respectez toujours les règlements, ne bravez pas les interdits.

Pour éviter de désagréables surprises, vous pouvez, lors de l'organisation de votre voyage, vous procurer certains guides sur les animaux en voyage ou en vacances qui contiennent des listes d'hôtels, restaurants ou campings acceptant les animaux.

La santé du berger blanc

Le berger blanc est un chien solide et résistant. Pour le maintenir en bonne forme, vous devrez tout de même vous plier à certaines obligations et avoir connaissance de certaines règles en cas d'urgence ou d'accident. L'alimentation, l'hygiène, l'attention que vous porterez à son comportement lui permettront de rester en bonne santé.

Les vaccinations

Le chien peut être la cible de nombreuses maladies qui ont des origines virales ou bactériennes. Certaines d'entre elles ne possèdent pas de traitements réellement efficaces et, si le chien les contracte, cela peut lui être fatal ou lui laisser de graves séquelles. C'est pourquoi la vaccination est la meilleure méthode de prévention de ces maladies. Le chiot est immunisé jusqu'à l'âge de sept ou huit semaines grâce aux anticorps contenus dans le lait de la mère, à condition qu'elle-même ait été convenablement vaccinée. Ces anticorps sont transmis dans les vingt-quatre premières heures de la vie du chiot.

> Les primovaccinations

Lorsque vous avez acheté votre berger blanc, vous avez pu vous rendre compte que celui-ci avait reçu ce que l'on appelle les primovaccinations. Son carnet de santé porte un certain nombre d'indications sous forme de lettres, décrivant les maladies contre lesquelles votre chiot a reçu les premières protections. Les sigles des vaccins sont les suivants :

C = Maladie de Carré

H = Hépatite contagieuse (maladie de Rubarth)

L = Leptospirose

P = Parvovirose

R = Rage

PI = Parainfluenza (toux de chenil)

BAB = Piroplasmose

Logiquement votre chiot aura reçu entre la septième et la huitième semaine des injections pour CHP et éventuellement pour PI ; vous devrez pratiquer un rappel un mois après la date de cette première injection, lors de laquelle le vaccin L sera ajouté aux autres.

> Les rappels et autres vaccinations

Le rappel pour la leptospirose devra être pratiqué un mois après, accompagné de la première injection contre la rage. Pour ce qui est des vaccins CHLP, leur efficacité n'est réelle qu'après la seconde injection. La rage ne nécessite qu'une seule injection dès l'âge de 3 mois. Pour tous ces vaccins, un seul rappel annuel est nécessaire, excepté pour la leptospirose pour laquelle, dans les zones contaminées, une vaccination tous les 6 mois est recommandée. Pour être réellement efficaces, les vaccinations ne doivent être pratiquées que sur des sujets en bonne santé. Si les chiots sont vaccinés trop tôt, les anticorps transmis par la mère attaquent le vaccin et le rendent inopérant. Votre

vétérinaire saura vous conseiller sur ce programme de vaccination à respecter rigoureusement.

Les maladies infectieuses

> La maladie de Carré

C'est une maladie contagieuse, due à un virus dont l'issue est incertaine, voire fatale. La période d'incubation est de 3 à 7 jours. La transmission se fait par l'intermédiaire d'animaux infestés ou porteurs du virus, principalement chez les jeunes chiens qui vivent dans un environnement restreint et sans hygiène. Les symptômes sont d'ordre digestif : lorsque les organes sont atteints, surviennent des vomissements, des diarrhées avec un abondant catarrhe intestinal, le chien n'a plus d'appétit, une forte fièvre s'installe, l'amaigrissement est rapide; d'ordre respiratoire : surviennent alors des éternuements, une toux sèche et des écoulements au niveau des yeux et de la truffe; d'ordre nerveux : crise épileptique; ou encore d'ordre cutané : irruption de petites pustules sur le ventre et à l'intérieur des cuisses.

> La maladie de Rubarth

On l'appelle aussi hépatite contagieuse. La période d'incubation est de 3 à 6 jours. Elle se transmet par les urines. Certains de ses symptômes sont assez identiques à ceux de la maladie de Carré : perte d'appétit, forte température, vomissements, diarrhées sanguinolentes, déshydratation, troubles nerveux (convulsions) et perte de poids spectaculaire. À cela se rajoute une inflammation des amygdales avec une gorge enflée rouge et douloureuse.

> La leptospirose

Elle est également appelée typhus du chien. C'est une maladie d'origine bactérienne. La période d'incubation est de 5 à 6 jours. Elle provoque principalement des troubles hépatiques et rénaux et peut s'accompagner de fièvre et de diarrhées hémorragiques. Les rongeurs sont les principaux vecteurs de cette maladie, notamment par leurs urines. La transmission se fait au contact direct de ces urines ou par l'intermédiaire des eaux naturelles stagnantes et contaminées que votre chien peut boire ou utiliser pour se baigner.

> La parvovirose canine

C'est une maladie relativement récente. La période d'incubation est de 3 à 4 jours. Les symptômes sont les suivants : vomissements, diarrhées hémorragiques ; s'ensuit une importante déshydratation, le chien ne s'alimente plus, il est abattu et prostré. La contamination se fait d'un chien à un autre, ou par les souillures de sujets contaminés. Elle se transmet par voie buccale ou nasale.

Prendre la température de votre chien

En cas de doute sur l'état de santé de votre chien, le premier geste à effectuer est de lui prendre sa température par voie rectale. Nombre de maladies la font monter et cette première indication sera utile pour vous ou le vétérinaire. La technique est simple, utilisez de préférence un thermomètre à pile (une légère sonnerie retentira lorsque la prise sera effectuée), enduisez l'extrémité d'un peu de vaseline, introduisez délicatement le thermomètre dans le sphincter anal (attention le chien aura probablement le réflexe de s'asseoir), attendez la sonnerie et procédez à la lecture. Essuyez le thermomètre avec un papier absorbant et nettoyez-le avec de l'alcool à 90°. La température normale d'un chien est de 38,5 °C ; au-delà de 39 °C, consultez votre vétérinaire.

> La rage

C'est une maladie infectieuse, contagieuse et transmissible à l'homme. La période d'incubation est relativement lente, entre 15 et 60 jours. Elle est provoquée par un virus présent dans le système nerveux et les glandes salivaires. Elle se transmet par la salive et les morsures. L'issue est fatale. Sous sa forme furieuse, le comportement de l'animal change brusquement, il est tantôt apathique tantôt excité, il salive à outrance, ses aboiements deviennent rauques, la paralysie se généralise. Sous sa forme paralytique, le maxillaire inférieur se tétanise, la gueule du chien se paralyse et reste entrouverte, la langue est pendante et il bave.

> La leishmaniose

C'est une maladie parasitaire transmise par un insecte voisin du moustique, la femelle phlébotome, porteuse d'un parasite qui se nourrit de sang à l'occasion d'une piqûre. La période d'incubation est relativement longue, de 3 à 6 mois. Les régions géographiques les plus touchées par ce fléau sont principalement les régions tropicales et méditerranéennes. Ce parasite microscopique affecte notamment la moelle et la rate du chien. S'ensuivent des lésions cutanées et une perte de poils accompagnées d'un certain amaigrissement. La piqûre de ce petit insecte est douloureuse. À ce jour, aucun vaccin n'est encore disponible. Une prise de sang permet de confirmer le diagnostic.

> La parainfluenza du chien

Cette maladie, plus connue sous le nom de « toux de chenil », est une trachéobronchite d'origine infectieuse, provoquée par plusieurs virus et bactéries. Elle est très contagieuse et transmissible aux autres chiens. Elle se contracte principalement dans les lieux de

grande concentration de chiens, expositions canines, chenils, élevage, surtout en période estivale. C'est un peu la grippe du chien. Si ce dernier n'est pas soigné correctement, ses poumons sont touchés et la maladie évolue vers une pneumonie ou une broncho-pneumonie.

Les premiers symptômes: le chien a une toux sèche, qui s'exprime au travers de quintes de toux, surtout lorsqu'il se lève ou qu'il veut faire un effort ; peuvent s'ajouter des écoulements de la truffe et des yeux, un manque d'appétit et un certain abattement. Les éleveurs qui vaccinent contre cette maladie assurent ainsi une protection supplémentaire aux chiots.

> La piroplasmose

Cette maladie, transmise par les tiques porteuses du piroplasme *(Barbesia canis)*, s'attaque aux globules rouges du chien, en les détruisant. Si la maladie n'est pas traitée suffisamment tôt, des séquelles perdureront au niveau du foie et des reins. L'issue peut être fatale. La période d'incubation dure de 2 à 14 jours environ. La piroplasmose est plus particulièrement présente dans les régions chaudes et tempérées.

Fièvre et anémie sont les premiers symptômes et, si l'on observe les urines de l'animal, elles peuvent avoir une couleur brun foncé. La vaccination est possible, mais non obligatoire ni systématique ; votre vétérinaire vous la proposera si vous habitez dans une zone à risque. Elle ne sera pas réalisée en même temps que les autres vaccins. La première des deux primo-vaccinations ne devra pas avoir lieu avant l'âge de six mois. Elle nécessite ensuite un rappel annuel. Ce vaccin est un peu onéreux et son efficacité n'est pas garantie à 100 %. Aussi vous devrez faire preuve de vigilance, connaître les symptômes qui s'appliquent à cette maladie et savoir réagir à la moindre alerte est essentiel.

Auparavant, inspectez régulièrement votre chien et assurez-lui un traitement spécifique.

La connaissance des principaux symptômes de ces maladies peut vous permettre de les diagnostiquer suffisamment tôt et ainsi permettre la mise en place de traitements par votre vétérinaire, avec l'espoir de sauver votre animal.

Les maladies transmissibles à l'homme

Ces maladies sont aussi appelées zoonoses. À part la rage et la leptospirose que nous avons déjà citées, il existe un certain nombre d'affections qui touchent le chien et que l'on peut également contracter à notre tour. En règle générale, les mesures d'hygiène élémentaires permettent d'éviter ces transmissions, mais, dans ces cas aussi, il est préférable de prévenir que d'avoir à guérir.

> Les gales

Elles sont transmises du chien à l'homme par simple contact. D'origine parasitaire, elles peuvent entraîner des démangeaisons. Il est recommandé de faire établir un diagnostic par le vétérinaire dès que votre chien se gratte.

Comment administrer les médicaments de votre chien

Les médicaments prescrits par le vétérinaire se présentent sous différentes formes, cachets, sirop, poudre... Si certains chiens les prennent facilement, d'autres sont plus réticents.

Pour administrer un comprimé, on peut soit le mettre en entier dans un petit morceau de fromage à pâte molle, ou bien l'écraser dans une boulette de viande, ou encore le mettre directement au fond de la gorge : on ferme la gueule du chien, tête dressée vers le ciel, la déglutition se fait immédiatement ; pour un sirop ou un liquide, on peut soit le mélanger à de la nourriture, soit on relève le menton du chien, on tire la babine à la commissure, on verse le produit sur le côté : le chien sentira le liquide et l'avalera.

> La teigne

Transmise du chien à l'homme par simple contact, elle est d'origine parasitaire (champignons). Elle se développe le long des poils et en provoque la chute en plaques circulaires.

> L'ascaridose

Cette maladie est due à l'ingestion d'œufs d'ascaris (vers ronds). Les enfants sont les premières victimes de cette affection. Compte tenu du fait que les œufs d'ascaris peuvent être présents dans les selles des chiens ou des chiots infestés, la surveillance des enfants est nécessaire afin d'éviter tout contact des uns avec les autres. La vermifugation régulière de votre chien constitue un excellent moyen de prévention.

Les maladies de peau

> La gale folliculaire

Appelée aussi démodécie, cette affection parasitaire peut apparaître chez les chiots ou chez l'adulte; elle est due à un acarien et touche principalement la tête et se caractérise par une dépilation autour des yeux et des babines, provoquant des démangeaisons. Si le chien n'est pas traité correctement, cette dépilation peut s'étendre sur tout le corps.

> La gale sarcoptique

Causée par un acarien microscopique, qui se promène de façon sous-cutanée, cette maladie provoque des taches rouges et des démangeaisons très importantes et répétées du chien. S'ensuivent des lésions très inflammées et une chute des poils. Les endroits les plus sensibles sont les oreilles et les coudes.

> La gale otodectique ou gale des oreilles

C'est un parasite microscopique qui se développe sous forme d'otite aiguë, le chien se gratte violemment les oreilles, secoue la tête et des sécrétions brunâtres apparaissent dans le conduit auditif. Elle est contagieuse et se transmet d'un chien à un autre. Le traitement consiste en l'utilisation d'un antiseptique par voie locale.

> La teigne

L'origine de cette maladie est un champignon microscopique. Elle est reconnaissable à des dépilations circulaires d'environ deux centimètres de diamètre. Le chien se gratte peu mais il faut le traiter rapidement si l'on ne veut pas que la maladie se généralise.

> Les eczémas

Par ce terme on englobe toutes les inflammations suintantes de la peau dont les causes peuvent être multiples et variées. Nous citerons par exemple les mauvaises alimentations (trop riches), les allergies (alimentaires, piqûres de puces, acariens, allergies de contact), les dérèglements hormonaux. En règle générale, si votre chien se gratte de façon importante, traitez-le ainsi que son environnement contre les puces, puis si le mal persiste, consultez le vétérinaire afin qu'il trouve la cause de ces démangeaisons avant que le chien ne se gratte jusqu'au sang.

Les parasites internes

Les vermifugations sont indispensables pour éliminer les parasites internes du chien. Surtout ne pensez pas que seuls les animaux qui font les poubelles peuvent attraper des vers. Tous les chiens sont sujets à ces parasites, et les chiots voient leur santé et leur croissance fragilisées par de telles infestations. Il faut être vigilant et respecter un programme de vermifugation. L'éleveur sérieux chez qui vous avez acheté votre chiot aura déjà vermifugé la mère avant la saillie, puis pendant la gestation et enfin pendant la lactation. Les chiots, quant à eux, ont été vermifugés plusieurs fois (toutes les 2 à 3 semaines) entre leur naissance et le moment où vous en avez pris possession; vous devrez vous aussi continuer ce programme de vermifugation, pour le bien-être de votre compagnon et pour le vôtre.

> Les vers ronds

• Les ascaris

Ce sont les plus courants des parasites internes ; ils sont de couleur blanche et mesurent de 6 à 12 cm. Les chiots peuvent en être infestés soit alors qu'ils sont encore au stade de fœtus, soit plus tard lorsqu'ils tètent leur mère. Une infestation massive d'ascaris peut

entraîner un amaigrissement, des ballonnements, éventuellement des vomissements et un retard de croissance du chiot, qui ne pourrait profiter de l'alimentation qu'il ingurgite.

• Les trichures et les ankylostomes

De taille nettement inférieure aux ascaris, ces vers se nourrissent du sang du chien et provoquent un état de faiblesse et d'anémie. Le chien peut avoir des diarrhées dans lesquelles on trouve des traces de sang. La contamination se produit par léchage.

> Le ténia

Le ténia est aussi connu sous le nom de ver solitaire. Les chiens sont infestés par l'intermédiaire d'autres animaux contaminés, par exemple lorsque le chien mange de la viande crue et que celle-ci contient des larves de ténia ou bien par des puces qui ont transité sur un autre animal infesté. On peut détecter la présence de ténia en examinant les fèces du chien : les anneaux du ténia ressemblent à des petits grains de riz. Le chien ressent une forte irritation au niveau de l'anus, qui le pousse à frotter son arrière-train sur le sol.

> Le programme de vermifugation du chien

Lorsque vous prendrez votre chiot, vers l'âge de 2 mois, celui-ci aura été vermifugé plusieurs fois par l'éleveur (s'il est consciencieux). À votre tour, vous devrez le vermifuger, même s'il ne vous semble pas infesté de vers, tous les mois jusqu'à six mois, puis tous les deux mois jusqu'à un an, pour enfin lui administrer un traitement deux fois par an lorsqu'il sera adulte. Vous devez prendre l'habitude d'observer les crottes de votre chien d'un peu plus près pendant les trois ou quatre jours qui suivront l'administration d'un vermifuge. Si vous y découvrez des vers, la prochaine vermifugation

devra avoir lieu 3 semaines après celle que vous venez de faire, ceci afin d'éliminer les larves qui existent peut-être encore, et avant qu'elles ne pondent à leur tour.

Le vermifuge se présente sous différentes formes, en pâte orale que l'on dépose sur la langue du chien par l'intermédiaire d'une seringue graduée, en cachets à faire avaler en une ou plusieurs prises en fonction de leur action, en pipette dont on dépose le contenu sur la peau entre les deux épaules ou en solution injectable (surtout utilisée par les vétérinaires). Si vous possédez plusieurs animaux, traitez les tous en même temps.

Les parasites externes

> Les puces

Tout chien peut attraper des puces. La puce ne reste pas en permanence sur le chien, elle y vient seulement pour se nourrir en lui pompant un peu de sang. Si votre chien se gratte, passez en revue son pelage ; si vous découvrez des petites particules noires, ce sont peut-être des crottes de puces. Prélevez-en un peu, placez-les sur un morceau de papier blanc, déposez dessus une goutte d'eau. Si le papier prend une couleur rouge, aucun doute, votre chien a des puces et il faut le traiter. C'est la salive de la puce qui provoque les démangeaisons du chien, il peut être allergique à cette substance avec pour effet des crises de grattage effrénées pouvant aller jusqu'au sang et provoquer des eczémas. Pour se débarrasser de ces hôtes indésirables, il faut traiter le chien avec des produits antiparasitaires de qualité (en vente chez votre vétérinaire), mais aussi traiter l'environnement dans lequel il vit et surtout les tapis où il dort, à l'aide de produits spécifiques à l'environnement (à ne pas utiliser directement sur le chien).

> Les tiques

Les tiques sont communément appelées poux des bois ou ixodes; ce parasite est un acarien hématophage et peut rester plusieurs jours piqué et attaché par sa tête sur le corps du chien. Les endroits le plus souvent choisis par la tique sont la tête, le cou et le ventre, parties du corps où la peau est plus fine. Il est rare de trouver des tiques piquées sur le dos ou les pattes. La tique piquée sur le chien se nourrit en suçant son sang et, si elle n'est pas découverte, peut gonfler jusqu'à atteindre la taille d'une olive (à ce stade elle se détache et donne naissance à une multitude d'œufs qui se transforment, pour à leur tour retourner sur le

chien) alors qu'au départ elle ne mesure que 2 mm. Elles peuvent provoquer en outre un bouton, éventuellement suivi d'un abcès.

Il faut être très attentif aux tiques car elles peuvent inoculer au chien une maladie grave, la piroplasmose. Celle-ci détruit les cellules rénales du chien et, si elle n'est pas détectée suffisamment tôt, les séquelles peuvent être irréversibles ou même entraîner la mort. Toutes les tiques ne sont pas porteuses du virus, qui n'est transmis au chien qu'à partir du troisième jour après la piqûre de la tique, il faut donc éliminer ces parasites avant cette période fatidique. Pour éliminer les parasites avant qu'ils ne soient piqués, nous préconisons un coup de brosse superficiel, sur tout le pelage du chien, après toute promenade à risque (bois, hautes herbes). De nombreux insecticides, sous différentes formes, peuvent être utilisés en prévention. Si malgré tout vous trouvez un spécimen qui est déjà attaché, différentes techniques existent pour l'éliminer. (Le simple fait de la tirer risque de casser la tique à ras la tête, celle-ci restant incrustée dans la peau peut provoquer une infection.) Une technique consiste à écarter les poils autour de la tique et, à l'aide d'un doigt, sans la saisir, faites la tourner sur elle-même dans le sens inverse des aiguilles d'une montre. Au bout de quelques tours (une dizaine), la tique va lâcher prise et vous pourrez l'éliminer (en la brûlant de préférence) et ensuite désinfecter le point de la piqûre avec de l'alcool iodé. Vous pouvez aussi utiliser une petite pince très efficace et pratique, spécialement prévue à cet effet, que vous trouvez en vente chez votre vétérinaire notamment.

> Les poux

Il existe deux variétés de poux, ceux qui mordent et ceux qui se piquent dans la peau; contrairement aux puces, les poux ne sautent pas, ils rampent sur le chien. Ils se nourrissent de sang et de résidus cutanés. Leur taille est d'environ 2 mm et leur multiplication est rapide. Si votre chien se gratte et que vous trouvez sur ses poils de minuscules œufs, faites un traitement approprié, en le renouvelant trois fois de suite à 5 jours d'intervalle afin d'éliminer les poux adultes et les larves.

> Les aoûtats

Ce sont de petits parasites de couleur orangée. Ils se logent principalement sous le ventre et entraînent des démangeaisons intenses. Pour les éliminer, seul un produit antiparasitaire est efficace.

Les maladies héréditaires

> La dysplasie coxo-fémorale

Cette maladie qui existe aussi chez l'homme reste un sujet de polémique quant à ses origines. Il semble que plusieurs facteurs soient déterminants dans son apparition (affection plurifactorielle) :

– l'aspect génétique (parents porteurs ou non) ;

– l'aspect environnemental (alimentation, type de jeu, exercice excessif, conditions de vie) ;

– la croissance (trop rapide, chiot trop lourd, carences ou excès en vitamines, calcium ou en protéines).

Cette maladie s'exprime par une malformation de l'articulation entre la tête de fémur et la cavité du bassin. Cette malformation ou cette usure prématurée provoque un mauvais contact entre les deux parties de l'articulation qui s'exprime par des douleurs et, dans les cas extrêmes, par des luxations. Un chien atteint de dysplasie coxo-fémorale aura de telles douleurs qu'il finira par boiter, il aura le train arrière qui « flotte » un peu et éprouvera des difficultés à se lever. Un sujet très atteint ne

pourra être soulagé que par la pose chirurgicale d'une prothèse de la hanche. Un sujet moins atteint recevra des anti-inflammatoires et il faudra adapter son exercice à cette affection (éviter les grandes courses et les sauts), tout en préservant sa musculature qui lui assurera le bon maintien de l'articulation.

Des programmes de dépistage (par radiographie) sont mis en place par les clubs de races, afin d'identifier les sujets touchés par cette affection et de les écarter de la reproduction, dans le souci d'éradiquer cette maladie invalidante pour le chien. Les interprétations radiographiques sont obligatoires pour l'accès aux cotations de géniteurs. La classification du niveau de dysplasie se fait en fonction de plusieurs critères : la forme de la tête fémorale, du niveau de couverture craniale et dorsale de l'acetabulum, ainsi que de la coaptation entre ces deux éléments articulaires. La mesure de l'angle de Norberg Olsson donne une indication très significative. Sa valeur doit se situer à 105° et plus dans les cas d'absence de dysplasie et peut avoir une valeur inférieure à 100° lors d'une atteinte par cette affection. Les cinq stades possibles lors d'une interprétation sont :

A = aucun signe de dysplasie
B = stade intermédiaire (transition)
C = dysplasie légère
D = dysplasie moyenne
E = dysplasie grave

> La dysplasie du coude

Le coude est une articulation qui lie l'humérus (os du bras) au radius et à l'ulna (os de l'avant-bras). La dysplasie du coude recouvre principalement quatre affections.

• La non-union du processus anconé

Dans ce cas de figure, l'ulna est plus court que le radius. L'extrémité distale de l'humérus appuie de manière anormale sur le processus anconé. Ce dernier peut se détacher et provoquer une inflammation articulaire.

• La fragmentation du processus coronoïde médial

Le radius est plus court que l'ulna. La force

exercée sur l'articulation du coude se concentre sur le processus coronoïde médial de l'ulna, s'ensuit alors une fragmentation de ce dernier, provoquant là aussi une inflammation articulaire.

• L'ostéochondrose ou l'ostéochondrite disséquante

Elle se caractérise par un épaississement du cartilage articulaire, puis par le détachement d'un fragment de ce cartilage qui nuit au bon fonctionnement de l'articulation. S'ensuit une inflammation.

• L'incongruence articulaire

En situation normale, l'incisure trochléaire de l'ulna répond parfaitement à la trochlée humérale ; dans le cas contraire, l'articulation ne fonctionne plus correctement. Le cartilage articulaire subit alors une dégénérescence.

Les maladies du cœur ou cardiopathies

Les maladies du cœur se divisent en trois groupes :

- les troubles du rythme ;
- les cardiopathies congénitales ;
- les cardiopathies acquises.

> Les troubles du rythme

Ces troubles ne sont pas au sens strict des maladies, mais le résultat d'un dérèglement en amont dont l'origine peut être très variée. Il peut s'agir d'une anomalie du système nerveux central, un manque d'oxygène dans le sang (problème de l'appareil respiratoire), le stress, l'anémie, une anomalie métabolique, une agression mécanique (fractures des côtes), l'absorption de substances toxiques ou de certains médicaments.

> Les cardiopathies congénitales

Ces pathologies ne représentent environ que 10 % de toutes les maladies cardiaques, elles sont dues à des malformations ayant une cause accidentelle pendant la gestation ou à une transmission héréditaire polygénique.

• La persistance du canal artériel

C'est un défaut de construction de l'ensemble cœur-poumons qui est apparu pendant la période de gestation.

• La communication interventriculaire

C'est un défaut de construction du cœur dans lequel une communication anormale s'établit entre les ventricules droit et gauche.

• La sténose sous-aortique

C'est un rétrécissement de l'orifice de l'aorte qui se fait progressivement par la formation d'un anneau fibreux.

• La sténose pulmonaire

C'est un rétrécissement du diamètre du tractus pulmonaire.

> Les cardiopathies acquises

• La cardiopathie valvulaire chronique

Cette affection touche près de 60 % des sujets âgés de 9 ans et plus. Elle s'exprime par une mauvaise étanchéité des valves mitrales. On dénombre quatre stades distincts allant du léger souffle au cœur jusqu'à l'insuffisance cardiaque et la détresse respiratoire.

• L'endocardite

Cette affection est une infection due à une bactérie qui s'introduit dans l'organisme par une porte d'entrée (cathéters veineux de longue durée, chirurgie lourde, animaux immunodéprimés) et qui se fixe sur la membrane qui tapisse la cavité du cœur, en provoquant des lésions destructives.

• La cardiomyopathie

C'est une affection du muscle du cœur. Celui-ci devient de plus en plus gros et ses parois se rétrécissent. Le cœur prend un tel volume qu'il perd ses facultés de contractilité et gêne le fonctionnement de l'appareil respiratoire. Les

origines de cette pathologie sont variées, elles peuvent avoir une cause connue, inflammatoire ou non, mais elles peuvent aussi survenir subitement sans raison apparente.

Les formes inflammatoires appelées aussi myocardites, peuvent avoir comme point de départ un choc, une infection virale comme la parvovirose, une infection bactérienne comme la boréliose, une infection parasitaire comme la piroplasmose.

Les formes non inflammatoires, appelées aussi myocardoses, connaissent de nombreuses causes, parmi lesquelles il faut citer la réaction à certains médicaments, les troubles du métabolisme (carnitine), les problèmes hormonaux (hyperthyroïdie), les carences immunitaires.

• L'affection du péricarde

Cette affection de type inflammatoire ou tumoral touche la membrane qui entoure le cœur. Elle ne représente que 1 % de toutes les cardiopathies.

• Le cœur pulmonaire chronique

Cette affection est une altération de la fonction et/ou de la structure ventriculaire droit, causée par une hypertension pulmonaire résultant d'une affection du poumon, comme la bronchite chronique, les allergies pulmonaires, les anomalies morphologiques thoraciques...

• La dirofilariose

Cette affection est d'origine parasitaire, le *Dirofilaria imitis* est un vers qui s'introduit dans l'organisme du chien à la suite d'une piqûre de moustique. On trouve ce parasite plus facilement dans les régions du sud de la France. Les larves adultes arrivent dans le cœur droit en 90 jours environ. Les troubles apparaissent au bout de 7 à 8 mois.

Après cet énoncé un peu rébarbatif des différentes pathologies cardiaques, il est important de savoir que certains signes externes peuvent attirer votre attention et vous inciter à consulter votre vétérinaire.

Si votre berger blanc paraît fatigué après un petit effort, s'il semble avoir du mal à respirer, s'il a des quintes de toux, il est préférable de consulter le vétérinaire pour une auscultation approfondie ; au besoin il réalisera une radiographie thoracique, voire un électrocardiogramme ou une échographie. Ceci afin d'éviter l'erreur de diagnostic en pronostiquant une bronchite ou une trachéite, au détriment d'un réel traitement adapté à la cardiopathie.

Cette présentation ne se veut pas alarmiste, mais si votre berger blanc est allergique aux efforts, c'est peut-être qu'il est fainéant de naissance, mais par acquit de conscience, lors de votre prochaine visite chez le vétérinaire, demandez-lui une auscultation plus approfondie. S'il diagnostique un début d'insuffisance cardiaque, il sera temps de commencer un traitement approprié. Vous pourrez de votre côté adapter le régime alimentaire et l'exercice de votre berger blanc afin de lui assurer une plus grande longévité.

Vous devez savoir qu'il est presque impossible de guérir une pathologie cardiaque. Le rôle de la thérapie consiste à ralentir l'aggravation de la maladie et à diminuer les effets du déficit respiratoire.

À titre d'information, la première mesure consiste en un repos du sujet qui peut aller de la diminution de l'exercice jusqu'à son interdiction totale (chien tenu en laisse en permanence lors des sorties). La seconde mesure passe par l'adaptation de son régime alimentaire en adoptant une alimentation pauvre en sel, composée de protéines d'excellente qualité en quantité réduite. Il a été remarqué que la carnitine donnée à très forte dose a un effet bénéfique dans l'évolution des myocardiopathies.

Les autres maladies

> L'ectopie testiculaire

L'absence d'un testicule (monorchidie) ou des deux (cryptorchidie) dans les bourses du mâle est considérée comme une maladie génétique, qui n'empêche pas le chien de vivre correctement, mais lui interdit toute reproduction (même si le chien est tout à fait capable de procréer avec un seul testicule). Une opération peut être envisagée pour retirer le ou les testicules ectopiques, afin d'éviter une nécrose.

> Les métrites et les vaginites

Ces affections ne concernent que les femelles. Si vous découvrez des écoulements purulents au niveau de la vulve de votre chienne, il est très probable que débute une de ces maladies.

Il se peut qu'elle ait aussi de la fièvre. Un traitement est nécessaire, à base d'antibiotiques et de lavements locaux. Une métrite mal soignée peut entraîner la stérilité de la chienne.

> Les mammites

Cette maladie se rencontre sur des femelles allaitantes ou qui font une montée de lait nerveuse. Une ou plusieurs mamelles sont gonflées, dures et chaudes. La chienne a mal lorsqu'on lui touche les tétines. Il faut consulter sans tarder car un état gangreneux local peut s'installer.

> Les cystites

Cette maladie est une inflammation urinaire. Assez courante chez le chien, elle se caractérise par des urines de plus en plus fréquentes et en petite quantité. Le chien, même s'il est propre, a du mal à se retenir. Il peut s'ensuivre une perte d'appétit, et du sang peut faire son apparition dans les urines. Il faut consulter le vétérinaire dès l'apparition des premiers signes.

> L'herpès virose canine

Cette maladie peut entraîner une infertilité de la femelle, des avortements ou la mort de chiots en bas âge. C'est une maladie discrète chez le chien adulte. La contamination se fait essentiellement par voie vénérienne, à la suite d'une saillie naturelle pratiquée par un étalon extérieur en cours de réactivation virale. Le virus se développe dans les muqueuses. Cette maladie infectieuse progresse dans de nombreux pays, et notamment en France.

> La torsion d'estomac

Lorsque l'on parle de torsion d'estomac, on comprend aussi la dilatation de l'estomac, car il peut y avoir dilatation, sans retournement. Les causes d'une torsion ou d'une dilatation sont multiples et plusieurs événements peu-

vent provoquer ce phénomène qui est sans aucun doute le cas d'urgence en terme de médecine vétérinaire. Parmi les causes reconnues de torsion, il faut citer:

– un bol alimentaire trop important;

– des aliments secs dont le volume gonfle exagérément au contact de l'eau;

– des aliments putréfiés qui provoquent une réaction gazeuse dans l'estomac du chien;

– une quantité d'eau trop importante avalée rapidement;

– les efforts pratiqués après l'ingestion du repas;

– un abdomen distendu par la gestation.

Nous savons que du temps de réaction dépendent les chances de survie du chien; il faut bien connaître les symptômes d'une torsion et savoir observer son animal. Le premier des signaux est que le chien essaie de vomir à de nombreuses reprises, sans y parvenir; il est très inquiet, il bave et son abdomen commence à gonfler.

> Les diarrhées

Les causes de diarrhées sont multiples:

– la suralimentation;

– l'infestation massive de vers;

– la mauvaise assimilation d'un aliment;

– une bactérie;

– une maladie virale.

La première réaction est de prendre la température du chien et de le mettre à la diète pendant vingt-quatre heures. Vous pouvez lui donner un peu à boire (l'équivalent d'un verre). S'il a de la fièvre, consultez le vétérinaire sans attendre l'effet de la diète. Si votre chien n'a pas de fièvre, après la période de diète, préparez-lui une ration alimentaire réduite composée de riz très cuit et de blanc de poulet, accompagnée d'un verre d'eau. Donnez cette ration pendant 2 jours et revenez progressivement à son alimentation de base.

> Les crises d'épilepsie

Actuellement présente au États-Unis dans certaines lignées, il y a fort à parier que la France sera également touchée par cette affection qui, comme chez l'homme, se caractérise par la survenue soudaine de convulsions, avec parfois une perte de conscience accompagnée de troubles neurovégétatifs, tels que la salivation, la miction, la défécation. Des traitements antiépileptiques existent ; votre vétérinaire pourra vous conseiller après avoir établi un diagnostic précis sur l'origine des crises.

Les accidents

Il est vital de ne pas céder à la panique, vos angoisses et votre stress pouvant être ressentis par votre chien. En règle générale, après avoir administré les premiers soins, une visite chez le vétérinaire s'impose afin de vérifier l'absence de lésion interne.

> Les coupures

Pour soigner les petites plaies, désinfectez simplement à l'aide d'une lotion antiseptique. Vous aurez éventuellement pris soin de couper les poils autour de la coupure pour permettre une cicatrisation plus saine et plus rapide. Pour des plaies plus importantes, faites intervenir votre vétérinaire, il procédera à la pose d'agrafes ou de points de suture. Certaines parties du corps du chien saignent facilement, notamment les extrémités, telles les oreilles, les babines, la langue ou les pattes. Ce sont en général les coussinets qui sont le plus souvent atteints, le saignement est important et provoque la panique du maître. Pour stopper l'hémorragie, appliquez sur la plaie une boule de coton ou un tissu propre, que vous maintiendrez très serré à l'aide d'une bande adhésive de type Elastoplast™ puis, selon la profondeur de la plaie, consultez le vétérinaire.

> Un corps étranger

Si, après une promenade, vous vous apercevez que votre chien se gratte une oreille ou essaie de se mordiller sous une patte ou un autre endroit du corps, inspectez la région du corps concernée pour voir si un élément étranger n'est pas en train de blesser le chien. Si tel est le cas et que vous n'osez pas ou n'arrivez pas à le retirer vous-même, consultez le vétérinaire.

> L'électrocution

Les jeunes chiens livrés à eux-mêmes dans un appartement ou dans une maison ont une foule de choses à découvrir. Les prises et les fils électriques en sont deux qui peuvent causer leur électrocution. Là aussi la prévention est la meilleure solution afin d'éviter les accidents. En votre absence, nous vous conseillons de débrancher les rallonges, cacher les fils et de placer des cache-prises (comme pour les enfants). Si malgré ces précautions, vous découvrez votre chiot couché et inanimé, n'ayez pas le mauvais réflexe de courir vers lui pour le prendre dans vos bras. Il est probable que, s'il s'est électrocuté, il a uriné sous lui et, si vous mettez les pieds dans cette flaque, vous risquez d'être vous-même électrocuté. Observez l'entourage du chiot, si le sol est mouillé ou que vous voyez que le chiot est encore en contact avec des fils, coupez le disjoncteur général de votre habitation

avant d'entreprendre toute action de secours. Si le chiot ne respire plus, tentez la respiration artificielle. Placez le chiot sur le dos, ouvrez sa bouche et contrôlez que rien n'obstrue la trachée (sortez-lui la langue et placez-la sur le côté). Poussez fermement avec vos deux mains sur sa poitrine (sans à-coups violents) afin de provoquer l'expulsion de l'air contenu dans ses poumons, relâchez ensuite immédiatement la pression et laissez les poumons se regonfler; recommencez l'opération toutes les 5 secondes. Si vous parvenez à réanimer votre chiot, réchauffez-le, enroulez-le dans une couverture et allez consulter le vétérinaire de toute urgence.

> Les intoxications

En cas d'ingestion accidentelle d'un produit dangereux, appelez immédiatement le vétérinaire qui vous indiquera la marche à suivre. Surtout ne prenez aucune initiative personnelle sans son avis, vous pourriez aggraver la situation. Parmi les produits et les objets dangereux, dont le stockage devra tenir compte de la cohabitation avec un animal domestique, nous citerons les batteries automobiles, l'antigel, les piles, les détergents ménagers, la soude caustique, les insecticides, les raticides, les produits antilimaces, antifourmis, les thermomètres et les baromètres contenant du mercure, les allumettes et tous les produits chimiques en général. Si votre chien présente des troubles du comportement, tels que vomissements, diarrhées, convulsions, tremblements, s'il titube et a des difficultés à se déplacer, appelez vite votre vétérinaire.

> Les brûlures

Si votre chien s'est brûlé accidentellement, appliquez, sur la partie du corps touchée, un linge propre rempli de glaçons et, selon le degré de la brûlure, consultez le vétérinaire.

> Les morsures de serpent

Si lors d'une promenade, vous voyez votre chien sursauter et fuir en couinant, il s'est peut-être fait mordre par un serpent. Tentez de localiser la plaie, désinfectez, couvrez d'une compresse froide. Si cette partie gonfle, ne tentez rien vous-même, portez votre chien chez le vétérinaire le plus proche. Faites attention, votre chien est en état de choc et il souffre beaucoup, il peut avoir des réactions inhabituelles, même à votre égard. Tentez de le rassurer en lui parlant et en le caressant. Sachez qu'une morsure de vipère peut entraîner des vomissements convulsifs.

Il peut être aussi très amusant pour un chien de vouloir jouer avec un crapaud. Il faut savoir que ce dernier peut transmettre un venin tout aussi dangereux pouvant entraîner un arrêt cardiaque.

> Un accident de voiture

Si votre chien est renversé par une voiture, la première des choses à faire est de s'occuper du chien et non d'insulter le propriétaire du véhicule en cause. Approchez-vous doucement du chien en lui parlant. Contrôlez si le chien respire encore. Si c'est le cas, faites appeler un vétérinaire pour prévenir de votre arrivée. S'il a des fractures, votre chien peut mordre de douleur. Évitez les manipulations qui ne feraient qu'aggraver ses douleurs et son état. Avec l'aide de deux autres personnes, soulevez délicatement le chien et glissez-le sur une couverture. Soulevez ensuite à deux la couverture, alors que la troisième personne soutiendra le dos du chien par le dessous. Placez le chien dans un véhicule, restez à ses côtés et parlez-lui.

> Les coups de chaleur

Chaque année des chiens meurent de coups de chaleur, à cause de maîtres inconscients. Ne laissez jamais un chien dans une voiture sans air et en plein soleil (le soleil tourne, une voiture à l'ombre peut rapidement devenir inondée de soleil !). Si vous apercevez un chien qui suffoque dans une voiture, prévenez immédiatement la police ou les pompiers, qui n'hésiteront pas à casser une vitre pour délivrer l'animal. Ils aspergeront le chien d'eau froide pour abaisser sa température corporelle, avant de le conduire chez le vétérinaire.

> Les noyades

Attention aux piscines, un chien qui tombe ou qui saute dans une piscine ne pourra très probablement pas en ressortir seul et, victime d'épuisement, finira par se noyer. Protégez donc leurs accès afin d'éviter qu'un tel accident ne survienne pendant votre absence. Si, malgré tout, votre chien est victime d'une noyade, placez-le la tête en bas en le soulevant à l'aide d'un bras passé sous son abdomen et en le posant sur votre épaule. Tentez ensuite dans cette position de pomper avec vos mains sur sa cage thoracique, afin de provoquer l'évacuation de l'eau contenue dans ses poumons.

> L'ingestion d'un corps étranger

En jouant, votre chien peut avaler accidentellement un objet. Il peut être rond ou pointu et rester coincé dans sa gorge. Surveillez donc les objets qui sont à la portée de sa gueule. Évitez les objets du style bille, balle de golf ou de squash, préférez les ballons plus gros et les balles de tennis plus difficiles à avaler. Votre chien peut également ingérer un caillou. L'évacuation d'un corps étranger de la gorge d'un chien est assez délicate, confiez donc cette opération à votre vétérinaire. Mais si toutefois sa respiration est complètement bloquée, tentez de la libérer en utilisant la même méthode que pour la noyade. Autre possibilité, le corps étranger peut être descendu dans les intestins et peut provoquer une occlusion intestinale. Une constipation s'installe, le chien souffre de douleurs abdominales, il vomit, se déshydrate. Le vétérinaire doit être consulté rapidement, il procédera à l'évacuation du corps étranger soit par les voies naturelles, soit par l'intermédiaire d'une opération chirurgicale.

La contraception

> Pour le mâle

Pour éviter que votre mâle ne devienne l'heureux père d'une portée de chiots qui ne serait pas désirée, la seule contraception possible est la stérilisation définitive. Elle consiste en une opération chirurgicale: une vasectomie ou une castration. Vous devrez alors vous méfier du risque d'obésité qui guettera votre compagnon et adapter son régime alimentaire en fonction de son poids.

> Pour la femelle

Si vous ne souhaitez pas que votre chienne mette au monde une portée de petits, plusieurs méthodes existent. La première consiste à faire repousser, pour une raison de convenance, la date des chaleurs. Ce report est réalisé grâce à l'utilisation d'hormones que l'on administre à la femelle. Ces hormones repoussent de plusieurs jours l'apparition des chaleurs, si elles sont données sous forme de cachets, et de 6 mois si elles sont administrées en injections. Vous ne devez pas repousser systématiquement les chaleurs de votre femelle. Cette technique de contraception ne doit être qu'exceptionnelle. Si toutefois les chaleurs de votre chienne deviennent un problème insurmontable pour vous, mieux vaut alors avoir recours à une contraception définitive par le biais d'une intervention chirurgicale, au cours de laquelle le vétérinaire pratiquera une ovariectomie (ablation des ovaires) ou une ovariohystérectomie (ablation de tous les organes sexuels de la chienne).

> L'avortement

Si votre femelle berger blanc est tombée folle amoureuse du chien de votre voisin, qui est croisé labrador et lévrier, et que vous avez été témoin de leurs ébats amoureux, vous avez deux solutions. La première consiste à faire pratiquer par votre vétérinaire une interruption volontaire de grossesse: trois injections réalisées à partir du troisième jour après l'acte. La seconde est de laisser se dérouler la gestation et la mise bas de la femelle. Vous garderez la progéniture ou vous ferez euthanasier les chiots à la naissance et couper la montée de lait de la chienne. La première solution est beaucoup plus délicate que la seconde, et la chienne devra être surveillée de près les jours suivant l'avortement.

L'entretien du berger blanc

L'entretien et l'hygiène de votre berger blanc ne doivent pas être négligés. Ils font partie des critères qui maintiendront votre chien en bonne santé.

Le pelage

Contrairement à ce que l'on pourrait croire, le berger blanc n'est pas si salissant. Son poil peut être court ou mi-long, le sous-poil est abondant et évolue en fonction des saisons. Son épaisse fourrure le protège des intempéries et son entretien est relativement facile. Il se contente d'un toilettage par semaine, excepté en période de mue, où la fréquence des brossages sera quotidienne pour favoriser l'élimination des poils morts.

Au retour de longues promenades, il s'avérera utile de passer un coup de brosse sur l'ensemble du chien. Cette grossière inspection permettra éventuellement de détecter des parasites comme les tiques ou de veiller à ce qu'il n'y ait pas d'épillets, notamment dans les oreilles.

Le bain

Il n'est pas vraiment indispensable ; tout dépend des conditions de vie de votre berger blanc. Éventuellement, on peut y recourir deux fois par an et dans les cas extrêmes, s'il s'est roulé dans une substance boueuse et malodorante. Utilisez toujours un shampooing pour chien, et de préférence un shampooing pour poil blanc, et n'oubliez pas de le brosser avant de le laver. Attention, les bains trop fréquents peuvent supprimer le gras naturel du poil qui protège le chien des intempéries.

Les dents

Veillez à ce qu'elles ne soient pas entartrées. Vous pouvez procéder à des brossages réguliers avec un dentifrice spécifique pour chien. Si votre berger blanc reçoit des aliments à consistance dure, s'il ronge des os ou des friandises conçues pour la mastication, ses dents ne devraient pas trop s'entartrer, si au contraire son alimentation est humide, donc assimilable sans croquer, le tartre se formera plus facilement et pourra provoquer des gingivites et le déchaussement des dents. Si toutefois cette formation de tartre était trop importante, votre vétérinaire pourrait y remédier en procédant à un détartrage par ultrasons, sous anesthésie. Pour son bien-être et pour limiter les infections, il est important que la bouche de votre chien soit saine.

Les oreilles

Une oreille propre diminue les risques d'otites, de gale et d'autres infections. Il est nécessaire d'en vérifier régulièrement la propreté.

Le berger blanc a naturellement les oreilles dressées. La ventilation du conduit auditif est relativement aisée, mais il est toutefois impératif de ne pas y laisser s'accumuler des excès de cérumen. Si votre chien est identifié par

tatouage, veillez à ce que ce dernier soit toujours propre et bien lisible.

Les yeux

On utilisera simplement un coton imbibé de sérum physiologique pour éliminer les sécrétions du coin de l'œil, ou une lotion adaptée et conseillée par votre vétérinaire.

Les ongles

Les chiens usent, en principe, naturellement leurs griffes en marchant. Toutefois, vous pouvez les couper, si vraiment leur longueur le nécessite, avec un coupe-griffes. Vous veillerez à ne pas sectionner l'ongle trop court. Seuls les ergots n'ont pas la possibilité de s'user sur le sol, on en coupera alors l'extrémité (partie morte).

Les coussinets

Le poil pousse partout, même sous les pattes à l'intérieur des coussinets. Avec une paire de ciseaux à bouts ronds, vous pourrez couper à ras ce surplus de poils. Rien ne viendra alors se loger sous les pattes et votre berger blanc pourra marcher sans aucune gêne.

L'alimentation du berger blanc

Bien nourrir son chien est essentiel et ce, dès son plus jeune âge. Le choix de l'alimentation de votre berger blanc est crucial. Selon son mode de vie, son âge, son activité, la qualité et la quantité doivent être adaptées.

Différents types d'alimentation existent pour bien nourrir les chiens : l'alimentation industrielle et l'alimentation ménagère. De gros progrès ont été réalisés notamment dans l'élaboration de l'alimentation industrielle, de nombreux produits haut de gamme sont présents sur le marché et répondent à des besoins nutritionnels très variés.

L'alimentation ménagère est moins utilisée, mais de nombreux propriétaires de chiens pensent encore, à tort, qu'elle est bien meilleure aussi bien du point de vue de l'appétence que de la qualité.

Les composants de base de l'alimentation

Pour répondre aux besoins essentiels du bon développement physique et psychique de votre chien, sa gamelle doit contenir différents éléments nutritifs.

> Les protides

Ce sont les protéines d'origine animale ou végétale ; nous les trouvons dans la viande, le poisson, le fromage, les œufs. Elles renferment les acides aminés, indispensables au renouvellement cellulaire des tissus et des muscles. Les protéines d'origine végétale sont mal assimilées par l'organisme du chien.

> Les lipides

Ce sont les graisses, qui peuvent être également d'origine animale ou végétale. Ce sont par exemple le saindoux ou les huiles de tournesol, de maïs, de soja. Elles apportent à l'organisme du chien les acides gras essentiels à la fabrication du poil et à la protection de la peau. Elles ont un rôle dans le fonctionnement du système nerveux et sont une source énergétique.

> Les glucides

Ce sont les sucres ; nous les trouvons dans le riz, les pâtes (déconseillées pour le chien), les céréales, les légumes. Ce sont les principales sources énergétiques de la ration. Les légumes verts et les carottes ont un rôle d'aide au transit intestinal, grâce à leur composition fibreuse.

> Les minéraux

Ce sont principalement le calcium et le phosphore ; nous les trouvons dans de nombreux aliments, tels que le fromage, les os, le lait (mal supporté par le chien), les œufs, les légumes, le poisson, les céréales. Leur rôle est fondamental dans le processus de fabrication du squelette du chien. Leur dosage dans la ration quotidienne doit être très précis pour éviter les carences et les excès qui peuvent entraîner des malformations pendant la croissance.

> Les vitamines

Elles sont nombreuses, A, B, C, D, E, K... et présentes dans beaucoup de matières premières.

Indispensables, elles participent au fonctionnement du métabolisme du chien, en favorisant l'assimilation de certains éléments comme le calcium ou le carbone et en renforçant les défenses naturelles du chien.

Les aliments interdits

Il faut savoir que certains aliments sont à proscrire :

- le chocolat (qui est toxique) ;
- tous les petits os comme ceux du lapin, des côtelettes ou du poulet et d'autres ;
- les pommes de terre ;
- les choux ;
- les haricots secs ;
- les oignons ;
- les œufs crus ;
- le lait.

L'alimentation ménagère

Une ration alimentaire ménagère se compose principalement de trois ingrédients : viande ou poisson, riz, légumes auxquels doivent être ajoutés des compléments en minéraux et en vitamines. Il est difficile de préparer la ration idéale et d'avoir une liste d'ingrédients type. En effet, que votre chien soit en pleine croissance, adulte ou senior, qu'il travaille ou qu'il soit sédentaire, qu'une femelle soit gestante ou qu'elle nourrisse des chiots, autant de situations auxquelles il faut adapter la quantité et la qualité de l'alimentation.

Vous pouvez cependant préparer vous-même le repas de votre berger blanc, mais pour réaliser une ration quotidienne équilibrée il vous faudra être attentif tant sur la qualité que sur la quantité des ingrédients. Il vous sera nécessaire de bien connaître la valeur nutritive de chaque aliment et de trouver le bon dosage pour ne pas commettre d'erreurs. Des carences ou un surdosage seraient nuisibles à son bon développement.

La conservation de l'alimentation ménagère est de courte durée: elle se détériore rapidement en période estivale et est moins économique que l'alimentation industrielle.

L'alimentation industrielle

Une grande variété de produits alimentaires industriels couvre les rayons des supermarchés. Cette alimentation a bien des avantages, elle est facile et rapide à préparer, facile à emporter, appétissante et, selon les produits, complète (nul besoin de rajouter vitamines ou autres compléments).

On peut trouver des aliments standard de qualité dans les supermarchés, dans les jardineries et les coopératives agricoles, et des aliments nutritionnels de haute qualité et de haute digestibilité chez les vétérinaires. Ces derniers peuvent aussi prescrire des aliments diététiques, conseillés pour aider à traiter certaines maladies (obésité, diabète, insuffisance rénale…). L'alimentation industrielle se répartit en trois groupes.

> Les aliments secs

Les aliments secs (moins de 14 % d'eau) se présentent sous forme de croquettes et sont à servir tels quels ou bien à réhydrater, notamment pour les soupes.

Dans une même gamme, vous pouvez trouver des produits pour toutes les périodes de vie de votre chien, du chiot jusqu'au senior. Leur conservation dure plusieurs semaines et leur prix est bon marché par rapport à l'achat d'ingrédients pour la préparation d'une alimentation ménagère.

> Les aliments semi-humides

Ils contiennent de 25 à 60 % d'eau. Conditionnés en sachet ou en barquette, ils sont prêts à l'emploi et sont un peu moins utilisés.

> Les aliments humides

Constitués de 70 à 85 % d'eau et conditionnés sous forme de boîte de conserve ou de barquette, ils ont une excellente appétence. Certains de ces repas sont complets, d'autres sont exclusivement composés de viande et doivent être mélangés à d'autres compléments (légumes secs, céréales).

L'alimentation de la chienne gestante et allaitante

La ration alimentaire de la chienne gestante doit être plus riche et plus conséquente après la quatrième semaine de gestation et, pour que le bol alimentaire ne soit pas trop important dans l'estomac, on peut repartir sur une base de deux puis trois repas quotidiens au lieu d'un.

Les chiots tètent jusqu'à environ 6 semaines, voire davantage. L'alimentation de la mère doit être plus riche en calcium et en protéines, car l'augmentation de ses rations journalières doit l'aider à fournir les importantes quantités de lait nécessaires pour l'allaitement de ses chiots.

L'alimentation du chiot

Le berger blanc faisant partie des grandes races, il faut être attentif à l'alimentation du chiot en pleine croissance, et les erreurs alimentaires peuvent entraîner de lourdes défaillances au niveau de sa santé future. La croissance du chiot berger blanc doit être rela-

tivement lente pour éviter des dérives au niveau du squelette. Sa capacité digestive est moindre par rapport à celle de l'adulte, son alimentation doit donc être facilement assimilable et de grande digestibilité. Divers produits complets pour chiots se vendent sur le marché, ils couvrent les besoins des chiens en croissance, et supplémenter en compléments vitaminés et minéraux est inutile, voire néfaste. La ration journalière sera fractionnée en trois ou quatre repas.

Attention au surpoids, mieux vaut un chiot un peu mince qu'un chiot trop lourd.

L'éleveur sera de bon conseil en ce qui concerne la continuité de l'alimentation de votre chiot.

L'alimentation du chien adulte

On utilisera un produit dit de maintenance. On veillera à ce que le chien adulte ne soit ni trop maigre ni trop gras.

L'alimentation du chien âgé

On peut considérer qu'un chien est âgé dès lors qu'il devient moins dynamique. On utilisera alors un produit senior plus faible en sels de sodium, mais plus riche en calcium. Son activité physique se trouvant diminuée, on veillera à ce qu'il ne prenne pas trop de poids et à ce que son alimentation contienne des fibres pour éviter un état de constipation.

Les repas

La fréquence des repas varie en fonction de l'âge du chien, les quantités selon son mode de vie et selon les produits des fabricants.

Lorsqu'un produit convient bien, évitez le changement, le chien n'est pas comme l'homme, il n'a pas besoin d'une alimentation variée. Si, pour une raison ou une autre, vous deviez changer ses habitudes alimentaires, il serait alors judicieux d'effectuer une transition sur une dizaine de jours. Un changement brutal du jour au lendemain pourrait nuire à son système digestif et provoquer certains troubles, notamment l'apparition de diarrhées.

Dans tous les cas, il doit y avoir en permanence une gamelle d'eau fraîche régulièrement renouvelée.

Pour servir ses repas, on préférera les écuelles en acier inoxydable, légères et faciles à nettoyer. Les écuelles en plastique sont moins solides et peuvent être rapidement rongées et détruites par votre berger blanc. Idéalement, votre chien prendra ses repas toujours à la même place, dans un endroit calme et facile à nettoyer. On peut au fur et à mesure de sa croissance surélever ses gamelles de manière à ce qu'elles soient toujours à hauteur de garrot, ce qui engendrera une meilleure tenue de ses aplombs.

Le chien mange toujours après son maître.

Ne rien donner entre les repas, hormis éventuellement quelques menues récompenses lors de séances d'éducation.

Où et comment acheter un berger blanc

Comme pour toute race canine, l'acquisition d'un chiot berger blanc ne doit pas se faire en toute hâte, et la décision doit être sérieusement réfléchie. Il faut tenir compte de plusieurs paramètres pour faire le bon choix et trouver le chiot qui vous convient.

Parlez-en en famille et posez-vous les bonnes questions. Pourquoi souhaitez-vous acquérir un chien? Aurez-vous suffisamment de temps à lui consacrer? Habitez-vous dans un lieu où il pourra vivre et s'ébattre en parfaite harmonie? Puis, renseignez-vous sur la race et assurez-vous que le choix du berger blanc correspond bien à vos attentes.

Votre nouveau compagnon partagera votre vie pendant environ une douzaine d'années. Être propriétaire d'un chien, notamment d'un berger blanc suisse, exige du temps, et un minimum de connaissances pour créer tous les atouts d'une vie quotidienne harmonieuse entre le chien et sa famille. Détenir un animal procure beaucoup de joie et de satisfaction, mais implique également des contraintes. Tous les aspects de votre mode de vie doivent être pris en compte avant la décision finale, décision qui doit être commune à tous les membres de la famille.

On n'acquiert pas un chiot berger blanc parce que « c'est un chien à la mode » ou bien parce qu'on l'a trouvé craquant dans une revue, ou pour toute autre raison enfantine ou irréfléchie. Mieux vaut être averti et responsable.

Le choix du sexe

Le mâle a généralement, comme chez les autres races, une stature plus dominante et un caractère plus affirmé. Son éducation demande généralement plus de fermeté.

La femelle, de taille légèrement inférieure, est moins indépendante et un peu plus malléable à l'éducation. Elle a ses périodes de chaleur deux fois par an et, hormis les écoulements sanguins que cela implique, il faudra veiller durant 3 semaines à l'isoler des éventuels mâles du voisinage.

Démarches à suivre pour faire le bon choix de l'éleveur

Le marché du chien est très vaste, la vigilance est de mise pour trouver le vendeur adéquat, d'autant plus que le berger blanc devient très médiatique, donc attention aux éleveurs multiraces qui suivent les modes sans trop se soucier de la qualité des chiots qu'ils produisent.

Il y a les éleveurs passionnés qui sélectionnent et qui œuvrent pour le bien-être et l'amélioration de la race, qui vendent des chiots de qualité, en bonne santé et bien équilibrés, et qui assurent les conseils et le suivi de votre futur compagnon; les autres qui suivent les modes et qui produisent dans des conditions

sanitaires plus ou moins correctes et les marchands de chiens où l'attrait du gain passe avant l'amour du chien et ses conditions de vie. Sachez qu'un éleveur sérieux ne passe pas par le biais d'une animalerie pour vendre ses chiots.

Commencez par contacter la Société centrale canine (SCC), qui vous adressera une liste d'éleveurs avec les portées disponibles ou à venir. Le club de race vous informera également sur les éleveurs sérieux et vous transmettra leurs noms et leurs adresses. Si vous en avez la possibilité, effectuez des recherches sur Internet, feuilletez les magazines spécialisés. Par ailleurs, déchiffrer les petites annonces n'est pas toujours facile. Que ce soit une annonce de particulier, d'éleveur amateur ou professionnel, certaines indications doivent être mentionnées, notamment le numéro Siret ou le numéro de tatouage de la mère des chiots, s'ils sont inscrits au LOF ou non, ou s'ils sont de type ou de genre, leur date de naissance et le nombre de chiots.

Prendre son temps et multiplier les contacts sont deux règles fondamentales pour effectuer le bon choix au bon endroit.

Avant de vous déplacer pour visiter différents élevages, une première approche téléphonique peut s'avérer intéressante ; elle vous permettra de savoir si un rendez-vous peut être envisagé.

Les rencontres dans les expositions canines vous permettront d'établir des contacts un peu plus directs.

Notez éventuellement vos premières impressions et faites un premier tri. L'éleveur sérieux aura à cœur de vous rencontrer pour vous informer et vous conseiller. N'hésitez pas à en voir plusieurs, à parcourir de nombreux kilomètres et à patienter si aucun chiot n'est disponible ; un achat express de proximité n'est pas toujours positif.

Refusez toute proposition d'expédition postale.

Visite de l'élevage

Le cadre doit être agréable et accueillant. L'éleveur vous invitera à visiter ses locaux et ses installations. La propreté doit être de rigueur, les locaux bien tenus et non souillés.

Les reproducteurs doivent être visibles, sauf éventuellement pour les mâles qui ne sont pas toujours les étalons de l'élevage. Les reproductrices et leurs petits doivent être sociables et enjoués. Vous pourrez apprécier ou non les conditions dans lesquelles évoluent chiots et adultes. Soyez curieux et posez des questions, sur les parents mais aussi sur votre éventuel futur chiot (choix du sexe, éducation, alimentation, conseils pratiques…).

Si vous n'avez pas une bonne impression, n'insistez pas et allez voir ailleurs. De son côté, un éleveur de qualité ne vend pas à n'importe qui, le futur acquéreur doit être responsable, il doit respect et attention à son chien, il doit l'éduquer, le soigner et l'aimer. Il est important qu'un climat de confiance s'installe entre l'acquéreur et le vendeur.

Les conditions

Vous avez trouvé le bon éleveur, mais aucun bébé berger blanc n'est disponible, vous pouvez alors peut-être réserver un chiot sur une portée future. Dans ce cas, l'éleveur peut vous demander des arrhes ou un acompte.

Les arrhes sont un moyen de dédit, chacune des deux parties est libre de s'en départir. Si l'acquéreur se dédit, il perdra ses arrhes ; si c'est le vendeur, il devra restituer le double des arrhes versées à la commande.

L'acompte implique un engagement définitif des deux contractants et n'est en aucun cas un moyen de dédit. L'acquéreur a obligation d'acheter et le vendeur a obligation de vendre. Si l'une des deux parties ne respecte pas ses engagements, elle est passible de verser des dommages et intérêts à l'autre.

Soyez patient, les futurs échanges et la complicité entre vous et votre berger blanc n'en seront que meilleurs.

Les papiers du berger blanc

L'éleveur doit vous remettre un certain nombre de documents qui doivent être rédigés en bonne et due forme et certains signés par les deux parties.
Le commerce des chiens de race est réglementé, le code rural définit différentes obligations à respecter.
L'ensemble des documents remis lors d'une vente doit garantir les origines du chiot, officialiser la propriété et offrir à l'acheteur la possibilité de recours en cas de différend.

L'attestation de vente

C'est un contrat qui lie le vendeur à l'acquéreur. Sur ce document doivent figurer différents renseignements relatifs au chiot dont:

– les coordonnées de l'éleveur et de l'acheteur;

– l'identité du chien (nom, tatouage, date de naissance);

– la race et le sexe;

– son numéro de LOF (s'il n'est pas encore attribué, le numéro d'inscription de portée à la SCC doit être précisé);

– le prix de vente et ses modalités de paiement;

– les noms et numéros de LOF des parents;

– l'usage auquel est destiné le chiot (exposition, reproduction, chien de chasse, chien de compagnie – par animal de compagnie, on entend tout animal détenu par l'homme pour son agrément);

– les papiers remis;

– les noms des vétérinaires des deux parties (celui qui a suivi le chiot jusqu'à ce jour et celui qui le suivra ultérieurement). En cas de litige, ces deux vétérinaires pourront établir un diagnostic sur l'état de santé du chiot;

– les garanties relatives aux vices rédhibitoires;

– la date de livraison du chiot, avec les signatures du vendeur et de l'acheteur précédées de la mention « lu et approuvé ».

La carte d'identification du chiot

La loi française a rendu obligatoire l'identification des chiens, que ce soit lors d'une vente à titre onéreux ou lors d'un échange à titre gratuit:

– pour des raisons de santé publique (en cas de rage par exemple, il est primordial de pouvoir déterminer l'origine des animaux);

– pour le bien-être de l'animal (tout animal égaré sera plus facilement restitué à son propriétaire s'il est correctement identifié – lutte contre les abandons et les trafics);

– pour la protection des propriétaires (garantir la provenance et les caractéristiques du chien).

> L'identification par tatouage

Ce tatouage peut être pratiqué à l'intérieur de la cuisse, mais il se situe plus généralement sur la face interne de l'oreille droite du chien. Il

contient trois lettres et trois chiffres. Il est réalisé par un vétérinaire ou un tatoueur homologué, et pour une meilleure visibilité et une plus longue durée, il se fait de préférence au dermographe, sous anesthésie ; le tatouage à la pince est moins précis et s'efface avec le temps.

Sa carte mentionne le nom du chien, sa date de naissance, sa race, son numéro d'identification, l'adresse précise et le téléphone du propriétaire. Le jour de la remise de votre chiot, la carte est probablement encore au nom de l'éleveur. Ce dernier doit procéder immédiatement au changement de propriétaire (la signature de l'ancien maître et celle du nouveau maître doivent apparaître sur les deux parties de la carte), l'éleveur vous en remet une et renvoie l'autre au fichier de la Société centrale canine. Ultérieurement, vous recevrez une nouvelle carte ; en attendant, conservez bien la partie que vous aura remise l'éleveur. Ce document équivaut pour le maître à un titre de propriété et pour l'animal, à sa carte d'identité. Si vous déménagez, vous devez la mettre à jour et, si votre chien décède, vous devez la retourner à la SCC en notifiant simplement la date de ce décès.

> L'identification par puce électronique

Cette puce est une minicapsule de la taille d'un grain de riz. Injectée sous la peau, elle contient un numéro pour chaque animal. Les différences avec l'identification par tatouage sont les suivantes :

– l'injection de la puce se fait au niveau de la gouttière jugulaire gauche, sans anesthésie ;

– elle contient quinze chiffres et permet l'identification du pays, de l'espèce et de l'individu. Seul un lecteur scanner placé à quelques centimètres de l'épaule gauche de l'animal permet de lire et de décoder ce numéro ;

– la puce est permanente et ne risque pas, avec les années, de s'effacer comme certains tatouages, notamment ceux faits à la pince.

L'éleveur doit vous remettre avec la carte une médaille, elle sera accrochée au collier de votre chien. Elle signifiera que ce dernier est bien identifié par puce électronique. Les autres formalités sont identiques au tatouage.

Le carnet de santé

En première partie sont mentionnés le nom du chiot, la date de naissance, le sexe et la race, le numéro d'identification, les coordonnées de l'éleveur et celles du propriétaire. Ensuite viennent quelques conseils et informations utiles et enfin une troisième partie où sont enregistrées les données médicales : dates d'injection des vaccins administrés, avec vignettes et signature du praticien, date des vermifugations et des éventuelles interventions vétérinaires.

Le carnet de santé doit accompagner votre chien à chacun de ses voyages.

Le passeport européen

Le passeport pour animaux domestiques constitue un document vétérinaire, il est donc délivré exclusivement par ce dernier. Il fournit la preuve que l'animal a bien été vacciné contre la rage et qu'il est bien identifié (par une puce électronique ou par un tatouage). Avec ce seul document, les animaux domestiques peuvent voyager dans tous les États membres de l'Union européenne, à l'exception de l'Irlande, de la Suède et du Royaume-Uni.

Le certificat de naissance

Il est aussi appelé pedigree provisoire. Ce document officiel est délivré par la Société centrale canine. Il garantit les origines du chiot que vous achetez. Sur ce document figurent les noms et adresse du producteur, le nom de l'animal, sa race, son sexe, sa date de naissance, son numéro de tatouage ou de puce électronique, son arbre généalogique sur trois générations et son numéro de LOF.

Ce pedigree provisoire ne deviendra définitif qu'à partir de l'examen de confirmation.

Un juge canin ou un expert confirmateur contrôlera la conformité de votre chien au standard de la race. La réussite de cet examen signifie que, si votre chien est accouplé à une femelle également confirmée, ils engendreront des chiots qui pourront à leur tour être inscrits au LOF à titre provisoire. Il est possible que, lorsque vous prendrez possession de votre chiot, l'éleveur n'ait pas encore reçu ce document, il sera alors mentionné dans l'attestation de vente le numéro d'inscription de portée à la SCC et l'éleveur vous adressa ultérieurement l'inscription au LOF.

Le livret d'élevage

Un texte de loi du 6 janvier 1999 indique qu'au moment de la livraison du chiot il doit être remis à l'acquéreur un document d'information sur les caractéristiques et les besoins de l'animal. Cette notice fournira à l'acheteur tous les conseils essentiels (alimentation, hygiène, éducation...) dont il a besoin pour satisfaire au bien-être de son chien. C'est un document propre à chaque race canine.

La garantie légale des vices rédhibitoires

Le vice rédhibitoire correspond à un défaut grave, antérieur à la vente. Cette garantie se rapporte aux maladies et aux tares génétiques, définies par la loi du 22 juin 1989.

Elle protège l'acheteur et permet d'annuler une vente si une requête auprès du tribunal est déposée dans les 30 jours suivant la remise du chiot. L'action en justice doit se faire le plus rapidement possible au tribunal d'instance du lieu de résidence de l'animal ou du propriétaire.

Cette requête doit être justifiée par un diagnostic de suspicion de vices rédhibitoires établi par l'un des deux vétérinaires nommés dans l'attestation de vente. L'article 285-1 de la loi du 22 juin 1989 du code rural définit comme des vices rédhibitoires les maladies et les tares génétiques suivantes :

- la maladie de Carré ;
- l'hépatite contagieuse (maladie de Rubarth) ;
- la parvovirose canine ;
- la dysplasie coxo-fémorale (pour les animaux vendus avant l'âge de 1 an, les résultats de tous les examens jusqu'à cet âge pris en compte en cas d'affection résultant de vices rédhibitoires) ;
- l'ectopie testiculaire (pour les animaux âgés de plus de 6 mois) ;
- l'atrophie rétinienne (anophtalmie).

Parmi les vices rédhibitoires se trouvent des maladies infectieuses avec un délai d'incubation court. Pour ces maladies, un délai de rédhibition a été fixé afin de s'assurer que la maladie a bien été contractée à l'élevage. Ces délais sont les suivants : pour la maladie de Carré, 8 jours ; pour l'hépatite contagieuse, 6 jours ; pour la parvovirose, 5 jours.

Si lors d'une transaction, il y a vice rédhibitoire ou vice caché prouvé (le vice caché est un défaut du chien, dont l'éleveur a connaissance en tant que professionnel mais qui n'est pas détectable par un acheteur néophyte), l'acheteur peut soit garder le chien et se faire rembourser une partie du prix d'achat, soit le restituer au vendeur en contrepartie du prix d'acquisition.

En outre, si l'animal décède et que l'acheteur n'a pas prouvé dans le délai légal que le décès est lié au vice, le vendeur n'est pas tenu de procéder au remboursement ou à l'échange du chiot.

Enfin, avant d'avoir recours aux procédures juridiques, il faut tout tenter pour trouver une solution d'entente à l'amiable entre les deux parties.

Pour aller plus loin

Le berger blanc et le club de race

L'Amicale du chien de berger blanc (ACBB) est l'appellation depuis 1989 d'une association qui est maintenant la seule reconnue par la SCC en tant qu'association spécialisée de race. Ce club a été fondé par M. Daniel Jumentier qui fut le premier à importer en France un berger blanc venu d'Allemagne et qui a fédéré autour de lui d'autres nouveaux propriétaires ayant eux aussi importé des sujets en provenance d'Allemagne.

Les attributions de l'ACBB

L'association a été mise en stage d'affiliation par la SCC, le 12 mai 2004. Son rôle est la gestion de la race du berger blanc suisse en France. C'est la Société centrale canine qui lui a confié cette responsabilité, elle-même reconnue d'utilité publique, sous l'égide du ministère de l'Agriculture. Parmi les tâches qui lui sont confiées, le club français de l'Amicale du chien de berger blanc doit:

– mettre en place des tests destinés à l'amélioration du cheptel;

– promouvoir la race et encourager la participation des propriétaires de berger blanc suisse aux expositions canines;

– former des juges et des experts confirmateurs (lors de demandes d'extensions, car tant qu'elle est en stage d'affiliation, l'association ne peut pas nommer de nouveaux juges) ;

– favoriser les relations entre les adhérents de l'association, les conseiller et les guider dans leurs choix;

– organiser des expositions régionales et nationales d'élevage;

– publier une revue périodique riche en informations pour les propriétaires ainsi que pour les éleveurs.

Le fonctionnement du club

Pour mener à bien toutes ces tâches, l'ACBB est doté d'un comité directeur, composé de six membres qui assurent bénévolement la gestion et le fonctionnement de l'association. Le comité est soutenu dans son action par des équipes de délégués régionaux qui ont en charge le suivi d'un secteur géographique national. Les délégués ont un contact direct avec les propriétaires de bergers blancs suisses, ils leur font connaître l'association, répondent à leurs questions et les aident sur des problèmes aussi variés que l'entretien, l'éducation, l'alimentation, la confirmation ou les expositions, l'élevage. Toutes ces personnes sont également bénévoles et mettent leur passion pour le berger blanc suisse au service de l'association. Les ressources du club sont principalement composées par les cotisations annuelles des adhérents. Plus le nombre des adhérents est grand, plus les opérations de promotion peuvent être importantes et les rencontres de

FLEX

propriétaires agréables. Toute personne peut, sur simple demande au secrétariat ou grâce à Internet, adhérer et soutenir l'ACBB. Si vous aimez le berger blanc suisse, nous ne pouvons que vous encourager à adhérer à cette association. Vous pouvez aller consulter le site officiel de l'association à l'adresse suivante: http://www.amicalebergerblanc.com

L'ACBB organise des tests d'aptitudes naturelles (TAN). Il informe toute personne intéressée par l'acquisition d'un berger blanc suisse et le dirige vers des éleveurs sérieux.

Les actions pour éradiquer la dysplasie

L'Amicale du chien de berger blanc assure également un programme d'éradication de la dysplasie coxo-fémorale et de la dysplasie du

coude. Elle demande aux propriétaires, qui désirent faire reproduire leur berger blanc suisse, de réaliser au préalable une radiographie des hanches de leur chien. Des vétérinaires habilités interprètent la radiographie des hanches, afin de définir le stade dans lequel le chien peut être classé (A, B, C, D, E). Cette précaution permet, notamment, d'établir des statistiques sur l'état de la maladie dans le cheptel français et de donner aux propriétaires de chiens une aide dans le choix des reproducteurs qu'ils peuvent accoupler.

Une des tâches du club est aussi de tenir à jour un livre des géniteurs. Dans ce fichier, ces géniteurs sont classés selon une grille de cotation à six échelons. L'obtention de ces cotations prend en compte le niveau de conformité au standard, le résultat de la radio de dysplasie, les tests d'aptitude naturelle, tests ADN, les résultats obtenus en expositions spéciales,

nationales et régionales d'élevages, ainsi que les résultats obtenus par leur descendance. Cette grille est appelée à évoluer avec la probable intégration dans le futur des tests ou épreuves d'utilisation. Pour le moment cette grille se compose de la façon suivante :

• Cotation 1 : **Confirmé**
Confirmation

• Cotation 2 : **1er choix**
Confirmation
Dysplasie hanche = A, B ou C
TAN
1 Excellent

• Cotation 3 : **Excellent**
Confirmation
Dysplasie hanche = A, B ou C
TAN
1 Excellent + 1 Excellent en NE ou en championnat ou en régionale ou en spéciale
Nota : les 2 Excellents devront être obtenus sous 2 juges différents.

• Cotation 4 : **Recommandé**
Confirmation
Dysplasie hanche = A, B ou C
TAN
1 Excellent en NE + 1 Excellent en régionale + 1 Excellent en spéciale
Nota : les 2 Excellents devront être obtenus sous 2 juges différents.

• Cotation 5 : **Élite B**
Confirmation
Dysplasie hanche = A ou B
Dysplasie coudes = 0 ou SL
TAN
Test ADN
Sujet de niveau 2 ou 3 ayant produit 4 sujets Recommandés sur 2 femelles différentes pour un mâle ou bien 4 sujets Recommandés sur 2 étalons différents pour une femelle.

• Cotation 6 : **Élite A**
Confirmation
Dysplasie hanche = A
Dysplasie coudes = 0
TAN
Test ADN
Sujet Recommandé ayant produit 4 sujets Recommandés sur 2 femelles différentes pour un mâle ou bien 4 sujets Recommandés sur 2 étalons différents pour une femelle.

En plus de la grille de cotation des géniteurs, l'ACBB a mis en place une charte de qualité pour les éleveurs, afin d'aider les acquéreurs potentiels de berger blanc à trouver un éleveur sérieux.

Le berger blanc et les expositions

C'est un rassemblement de chiens de race, qui se déroule sur un ou deux jours. Leur organisation est du ressort des sociétés canines régionales ou des clubs spécialisés de race. Tout organisateur doit au préalable recevoir l'autorisation de la SCC. Lors de ces journées, les chiens sont présentés à un juge canin de la SCC qui compare la morphologie de chacun d'eux par rapport au standard de la race.

Ce comparatif donne ensuite lieu à un classement et à l'attribution d'un qualificatif accompagné ou non d'un certificat (CACS, RCACS, CACIB, RCACIB). Le juge rédige sur une feuille de jugement les commentaires concernant votre chien, et vous en remet une copie. La participation aux expositions est ouverte à tout chien inscrit au LOF ou à un livre d'origine étrangère. Pour cela le propriétaire doit demander au moins six semaines avant la date de l'exposition une feuille d'engagement à la société canine organisatrice. Il doit remplir cette feuille avec les renseignements contenus dans le pedigree (provisoire ou définitif) de son chien, et la retourner accompagnée du payement des droits d'inscription. De plus en plus d'organisateurs proposent des engagements en ligne sur Internet. La participation à une exposition, même si son chien remporte le 1er prix, ne rapporte pas d'argent à son propriétaire, mais seulement des titres honorifiques (qui, lorsqu'ils sont cumulés, permettent au chien de devenir champion) et des coupes. Les expositions sont avant tout des vitrines du cheptel de chaque race ; elles permettent aux éleveurs de faire découvrir leur production aux autres éleveurs et aux connaisseurs de la race. L'autre aspect des expositions est qu'elles sont ouvertes au public qui, soit en simple curieux, soit en connaisseur, vient voir du beau chien et se renseigner sur les différentes races en vue de faire éventuellement l'acquisition d'un spécimen. Lors de ces expositions, les propriétaires de berger blanc peuvent, dès l'âge de 1 an, présenter leur chien pour la confirmation.

Il faut distinguer quatre types d'expositions canines.

Les expositions internationales

Dans lesquelles sont attribués les CACS (Certificat d'aptitude au championnat de conformité au standard) et les CACIB (Certificat d'aptitude au championnat international de beauté).

Les expositions nationales

Dans lesquelles ne sont attribués que les CACS (Certificat d'aptitude au championnat de conformité au standard).

Certaines expositions internationales ou nationales peuvent obtenir le qualificatif de « spéciale berger blanc » attribué par l'ACBB. Dans ces cas-là, le club fait la proposition à la société canine organisatrice d'un juge de son choix.

Les expositions Nationale d'élevage

Ces expositions sont organisées par l'ACBB. Il n'y en a qu'une chaque année et seuls les bergers blancs peuvent y participer. Lors de ces expositions, deux CACS sont attribués par race, un pour les femelles et un pour les mâles. Ces CACS font partie de ceux qui donnent accès au titre de champion de France.

Les expositions Régionales d'élevage

Ces expositions, organisées par les délégations régionales de l'ACBB, ne permettent l'attribution d'aucun certificat. Plusieurs d'entre elles sont organisées chaque année et ne sont ouvertes qu'aux bergers blancs.

En plus de ces différentes expositions, les sociétés canines régionales organisent des présentations canines toutes races, au cours desquelles les chiens peuvent être confirmés. Elles ne permettent l'attribution d'aucun certificat, le juge choisissant uniquement un sujet de chaque race qu'il qualifiera de Meilleur de race, ceci lui donnant le droit de participer à l'élection du meilleur chien de la présentation.

Les différentes classes d'engagement

> Dans les expositions Nationales et Régionales d'élevage

• Classe Baby

Pour les bergers blancs âgés de 4 à 6 mois.

> Dans toutes les expositions (y compris les Régionales et Nationales d'élevage)

• Classe Puppy

Pour les bergers blancs âgés de 6 à 9 mois.

• Classe Jeune

Pour les bergers blancs âgés de 9 à 18 mois.

• Classe Intermédiaire

Pour les bergers blancs âgés de 15 à 24 mois.

• Classe Ouverte

Pour les bergers blancs âgés de plus de 15 mois.

• Classe Champion

Pour les bergers blancs possédant un titre de champion d'un pays membre de la FCI (les bergers blancs ne peuvent pas encore être champions internationaux).

• Classe Vétéran

Pour les bergers blancs âgés de plus de 8 ans.

• Classe Lot d'élevage

Pour un groupe de bergers blancs d'au moins trois sujets, déjà engagés en classe individuelle, nés chez le même éleveur, mais pouvant appartenir à plusieurs propriétaires différents.

• Classe Couple

Pour deux sujets bergers blancs de sexe différents, déjà engagés en classe individuelle et appartenant au même propriétaire (pas nécessairement issus du même élevage).

• Classe Paire

Pour deux sujets bergers blancs de même sexe, déjà engagés en classe individuelle et appartenant au même propriétaire (pas nécessairement issus du même élevage).

• Classe Travail

Pour les chiens âgés de 15 mois la veille du jour de l'ouverture de l'exposition et titulaires de l'attestation autorisant l'engagement en classe Travail délivrée par la SCC (photocopie à joindre à la feuille d'engagement). La récompense doit être obtenue avant la date de clôture de l'exposition.

Les conditions d'engagement en classe Travail des races des 1er et 2e groupes soumises au travail ont été définies lors de la réunion du comité de la SCC le 4 janvier 2006.

Les récompenses permettant l'engagement en classe Travail dans les expositions nationales et internationales sont :

– brevet chien de défense en ring ;
– brevet campagne ;
– brevet mondioring ;
– RCI I mention classée (IPOI) ;
– brevet de pistage français ;
– brevet de recherche utilitaire ;
– niveau 3 pour le pistage FCI sur deux concours.

Permettent également l'engagement en classe Travail :

– test international de sauvetage ;
– brevet troupeaux (ovin ou bovin).

En plus de toutes ces classes, les chiens sont également regroupés en fonction de leur sexe.

Le déroulement de l'exposition

> L'ARRIVÉE

Vous serez muni du carnet de santé de votre chien. Pour la confirmation du pedigree provisoire, de la carte d'identification (tatouage ou puce électronique) et du formulaire de confirmation (vous aurez pris soin de remplir au préalable la partie qui vous concerne). À l'entrée de l'exposition, vous passerez le contrôle vétérinaire et présenterez son carnet de santé et, si besoin, le certificat antirabique. Au secrétariat, il vous sera remis un catalogue répertoriant tous les chiens inscrits avec les coordonnées de tous les propriétaires. Ensuite, vous devrez trouver votre cage (si l'exposition en est pourvue) et repérer le ring dans lequel les jugements des bergers blancs se dérouleront. Sachez que le juge présent sur le ring est le seul maître à bord. Vous devez respecter l'ordre et l'heure de passage des chiens. Cet ordre est en principe celui du catalogue. Vous devez donc rester à proximité des cages et être prêt pour le commencement des jugements. Vous devrez vous munir du carton portant le numéro de votre chien (numéro d'inscription au catalogue) qui vous est remis à l'entrée ou lors de votre engagement, voire parfois distribué par le secrétaire du juge dans le ring. Vous le fixerez à l'aide d'une épingle, sur votre poitrine ou votre manche, bien visible.

> La présentation

Lorsque vous entrez sur le ring, vous devrez vous placer dans l'ordre des numéros en tenant votre chien toujours à votre gauche, de telle sorte qu'il soit toujours situé entre vous et le juge. Ce dernier va contrôler sa morphologie et la comparer au standard. Votre animal doit se laisser manipuler sans bouger et sans avoir peur du juge. Il doit se laisser regarder les dents sans difficultés. Tenez votre chien en laisse et évitez de le garder serré contre vous, afin que le juge puisse se déplacer à son aise et le toucher facilement. Lorsque le juge vous demandera de marcher ou de trotter avec lui, rappelez-vous que vous devez en rester le maître. Celui-ci ne doit pas tirer mais se déplacer d'une allure régulière. La laisse doit être souple et non tendue. Votre chien doit être libre dans son mouvement. Le juge peut demander de faire un aller et retour, des cercles à la périphérie du ring dans le sens inverse des aiguilles d'une montre ou bien de se déplacer en réalisant un triangle, ceci afin qu'il puisse apprécier votre

chien vu de derrière, de côté, puis de face, sans bouger de sa place. Le juge canin est invité dans les expositions, en tant qu'expert, il est là pour émettre un jugement en son âme et conscience. Si le classement qu'il a fait ou les appréciations portées sur votre berger blanc ne vous conviennent pas, restez courtois et évitez d'afficher votre mauvaise humeur. Le juge ne reviendra pas sur ses décisions. Souvenez-vous que les résultats que vous obtiendrez seront fonction, non seulement des qualités morphologiques de votre chien et de sa façon de se présenter, mais aussi de la façon dont vous le présentez. Votre berger blanc peut être très bien dans sa tête lors d'une exposition et beaucoup moins bien la fois suivante. Son attitude sur un ring peut parfois modifier radicalement l'avis du juge et peut vous valoir un déclassement. Le juge pourra lui attribuer, selon la classe dans laquelle vous le faites concourir et selon sa valeur, l'un des qualificatifs suivants.

Les qualificatifs

En classe Baby et Puppy, le juge formulera l'une de ces trois appréciations : Très Prometteur, Prometteur ou Assez Prometteur.

En classe Jeune, Intermédiaire, Ouverte, Champion et Vétéran, le juge attribuera l'un de ces qualificatifs :

Excellent : attribué à un chien se rapprochant de très près du standard idéal de la race, présenté en parfaite condition, réalisant un ensemble harmonieux et équilibré, ayant « de la classe » et une brillante allure. La supériorité de ses qualités, si on les compare au standard de la race, dominera ses petites imperfections, mais il possédera les caractéristiques de son sexe.

Très bon : attribué à un chien parfaitement typé, équilibré dans ses proportions, en bonne

condition physique. Il lui sera toléré quelques défauts véniels, mais non morphologiques. Ce qualificatif ne peut récompenser qu'un chien de qualité, digne d'être utilisé comme reproducteur.

Bon : il est attribué à un chien possédant les caractéristiques de la race, mais accusant des défauts, à condition que ceux-ci ne soient pas rédhibitoires.

Assez bon : attribué à un chien suffisamment typé sans qualités notoires ou en condition physique imparfaite.

Insuffisant : attribué à un chien qui ne correspond pas au standard ou qui, en raison de défauts grossiers de caractère, est sans valeur pour l'élevage. Ce chien n'est pas confirmable.

Les prix

Voici la liste des prix que peut obtenir votre berger blanc lorsqu'il est engagé en classe Ouverte, Intermédiaire ou Travail.

> Le CACS ou Certificat d'aptitude et de conformité au standard

Ce titre est attribué pour chaque sexe. Il ne peut être remis qu'à un chien classé premier Excellent, mais cette suprême récompense n'accompagne pas automatiquement cette première place. Le premier classé peut être Excellent sans plus. Il est accordé à un sujet exceptionnel, très près de l'idéal d'un standard, digne d'accéder au Championnat de France.

> Le RCACS ou Réserve de CACS

Ce titre est accordé dans les mêmes conditions que le CACS au second Excellent, s'il est de mérite sensiblement équivalent au premier.

> Le CACIB ou Certificat d'aptitude au championnat international de beauté

Cette récompense est attribuée pour chaque sexe. Ce prix est mis en compétition entre le vainqueur du CACS et le premier Excellent de la classe champion s'il y a lieu. Ce titre est décerné au plus beau chien s'il est de mérite exceptionnel et n'accompagne pas automatiquement la première place.

Il est accordé au sujet exceptionnel, très près de l'idéal du standard, digne d'accéder au Championnat international.

> Le RCACIB ou Réserve de CACIB

Ce titre est accordé dans les mêmes conditions que le CACIB au second Excellent, s'il est de mérite sensiblement équivalent au premier.

> Le Meilleur de race ou BOB (Best Of Breed)

Cette récompense est décernée au chien, mâle ou femelle, qui est le plus beau et le plus représentatif de sa race. Le chien ayant obtenu le meilleur de race doit obligatoirement participer au meilleur de groupe puis, s'il est choisi, au Best in Show (désignation du meilleur chien de l'exposition).

Dans les expositions nationales et internationales, seuls les quatre premiers chiens sont classés. Mais, dans les expositions régionales et nationale d'élevage caractérisées par un nombre important de chiens dans chaque classe, il est coutume de classer plus de quatre chiens.

> Devenir champion national de conformité au standard

Pour obtenir ce titre, le chien doit remporter et cumuler trois CACS bien particuliers :

– le CACS du championnat de France ou celui de la Nationale d'élevage, accompagné d'un test de caractère ;

– le CACS d'une exposition qualifiée par le club de « spéciale de race » ;

– le CACS d'une exposition internationale dans laquelle est obligatoirement attribué le CACIB.

Ces deux derniers CACS devront être remportés dans un délai maximum de 2 ans après l'obtention du CACS du Championnat de France ou de la Nationale d'élevage.

Les trois CACS devront être obtenus sous trois juges différents.

L'exposition nationale d'élevage devra réunir un minimum de 50 sujets pour l'ensemble de la race.

Seuls les chiens, reconnus par le club indemnes de dysplasie coxo-fémorale (stade A ou B), pourront accéder à l'homologation de ce titre.

> Devenir champion international de beauté

Titre qu'un berger blanc ne peut pas obtenir pour l'instant, car la race n'est reconnue qu'à titre provisoire par la FCI. Cette mesure devrait être levée à partir de 2013, date à laquelle la période d'observation de la race qui dure 10 ans arrivera à échéance.

L'ÉLEVAGE DU BERGER BLANC

Se lancer dans l'élevage canin n'est pas à la portée du premier venu. Le futur éleveur doit avant tout être motivé et bien préparé dans tous les domaines. On distingue l'éleveur dit « professionnel » dont l'élevage est la principale source de revenus et l'éleveur dit « amateur » qui pratique l'élevage en plus de son activité professionnelle.

Pourquoi devenir éleveur ?

Pour certains, la réponse est financière, on pense trouver là un moyen rapide de s'enrichir, sans trop se fatiguer. Les gens qui pensent cela font fausse route et vont au-devant de cruelles désillusions. Pour d'autres, c'est l'amour de la race et la passion du berger blanc qui les attirent vers l'élevage.

Les principales qualités que doit avoir un éleveur sont la modestie et l'objectivité.

Comment définir l'éleveur ?

Au même titre qu'un agriculteur ou qu'un éleveur de bovins, un éleveur de chiens travaille sept jours sur sept et 365 jours par an. Il doit être compétent tant pour le soin et le bien-être de ses bêtes que pour les tâches administratives.

Les tâches quotidiennes s'effectuent régulièrement. Chaque jour, il faut procéder au nettoyage des locaux à l'intérieur et à l'extérieur, aux soins et à l'alimentation des chiens, sans omettre les promenades, les jeux et bien sûr les câlins. Sans oublier que les femelles gestantes et les chiots demandent du travail supplémentaire et beaucoup d'attention. La comptabilité de l'élevage, le suivi des chiots, les rendez-vous avec les éventuels acquéreurs, les entretiens téléphoniques et toutes les tâches administratives font également partie du métier.

Installer son élevage

Selon son importance, le futur éleveur devra se plier à certains impératifs et entreprendre nombre de démarches. La conception de l'élevage devra prendre en compte les obligations légales, et les contraintes relatives à la gestion de plusieurs chiens. Le lieu de l'élevage sera minutieusement choisi et réfléchi en tenant compte de plusieurs facteurs ; l'environnement, la taille de l'exploitation, les dépendances, la superficie des terrains… L'aménagement des locaux s'effectuera selon les normes sanitaires obligatoires.

> LE CERTIFICAT DE CAPACITÉ

Une loi française stipule qu'une personne produisant au moins deux portées de chiots par an doit être en possession d'un certificat de capacité. Ce dernier atteste des bonnes connaissances cynophiles de l'éleveur. Le dossier de demande est à adresser au préfet du département du lieu où s'exerce l'activité d'élevage.

> LA DEMANDE D'AFFIXE

La demande est à formuler auprès de la SCC.

L'affixe est en quelque sorte la carte de visite de l'élevage. Il se présente sous la forme d'un ou plusieurs mots qui seront ajoutés au nom de tous les chiots nés à l'élevage. Son obtention et son utilisation sont réglementées. Il n'existe pas deux affixes identiques. Pour l'obtenir, vous devez :

– ne produire et n'élever que des chiens de race inscrits au LOF ;

– soumettre au contrôle de la SCC la totalité des produits de votre élevage ;

– respecter les directives d'élevage de l'association de race ;

– faire inscrire au LOF la totalité des produits de votre élevage ;

– vous acquitter d'un droit d'entrée qui s'élève actuellement à 168 euros ;

– obtenir l'autorisation du club de race.

Le choix des reproducteurs

Prenez votre temps. Les expositions canines sont des lieux à privilégier pour étudier des bergers blancs de différentes lignées et multiplier les contacts entre éleveurs.

Étudiez les pedigrees, contrôlez les radios de dysplasie.

Partir sur de bonnes bases est important, c'est pourquoi l'acquisition de la première reproductrice ne doit pas se faire dans la précipitation.

Le club de race sera de bon conseil pour diriger votre choix vers un mâle de qualité, en fonction des origines de votre chienne. Le prix d'une saillie est variable et aucun barème n'en fixe le montant. Il peut dépendre des origines du chien, de ses qualités ou bien de ses titres obtenus en expositions, ou encore varier selon le nombre de chiots à naître. Il est cependant préférable d'en convenir dans un écrit signé par les deux parties, avant de procéder à la saillie.

L'accouplement

La naissance d'un chiot résulte de la fécondation d'un ovule de la femelle par un spermatozoïde du mâle. Pour que cette rencontre puisse avoir lieu, il est important de connaître le déroulement du cycle sexuel de la femelle. Ce cycle génital comporte quatre phases et il dure environ 6 mois. Les premières chaleurs de la femelle peuvent apparaître entre l'âge de 6 et de 9 mois. Elles passent parfois inaperçues.

> Le cycle de la femelle

• Le pro-œstrus

Pendant cette première phase, on constate des écoulements sanguins de la vulve de la femelle, cette période dure entre huit et treize jours pendant lesquels la femelle attire le mâle, mais ne l'accepte pas.

• L'œstrus

Pendant cette deuxième phase, les saignements diminuent, la femelle attire le mâle mais cette fois-ci elle accepte l'accouplement, parfois pendant très peu de temps. L'ovulation se produit en général au deuxième jour de cette phase. Ce sera le meilleur moment pour réaliser l'accouplement. Cette période peut durer de 4 à 7 jours.

• Le postœstrus

Cette phase dure entre 6 et 10 semaines ; si des

ovules de la femelle ont été fécondés, ils se fixeront dans la muqueuse de l'endomètre où ils se transformeront en fœtus. Si la chienne n'a pas été fécondée, elle peut, durant cette phase d'intense activité, développer sous l'effet de certaines hormones une grossesse nerveuse, parfois accompagnée d'une montée de lait. La chienne se comporte alors comme si elle attendait des petits, ou comme si elle en avait eu. Elle choisit un ou plusieurs objets qu'elle garde toujours avec elle et qu'elle protège.

• L'anœstrus

C'est la période de repos de l'appareil reproducteur de la femelle, cette phase dure environ 15 semaines.

> Quand faire saillir sa chienne ?

Avant tout, on n'aura pas négligé de la vermifuger avant la saillie.

Si l'on suit la description du cycle génital de la femelle, il apparaît que, dans la majorité des cas, le bon moment de la saillie se situe entre le neuvième et le quinzième jour après le début des saignements. On sait également que la durée de vie d'un ovule varie d'un à deux jours, alors que celle d'un spermatozoïde est de six jours environ. Il faut donc pratiquer des frottis vaginaux dès le sixième jour des chaleurs puis, si nécessaire et pour confirmer l'imminence de l'ovulation, faire pratiquer un dosage de progestérone par le vétérinaire. Si le diagnostic est bon, il faut alors effectuer une première saillie, puis en renouveler une seconde 48 heures plus tard.

La première cause d'infertilité chez la femelle est le mauvais moment de la saillie. Nous savons maintenant, grâce à de nombreuses recherches effectuées sur le sujet, que certaines chiennes ovulent dès le sixième jour et d'autres pas avant le vingtième. Certaines chiennes sur le point d'ovuler refusent encore que le mâle les approche, il faut alors dans ce cas-là avoir recours à l'insémination artificielle avec la semence fraîche du mâle. Il existe également en France, aux écoles vétérinaires de Maisons-Alfort et de Lyon, une banque de semence congelée, qui permet de réaliser des inséminations artificielles, même en l'absence (ou après la mort) du mâle.

> La saillie

Si la chienne est prête, la phase de saillie peut avoir lieu. Elle se déroule en général au domicile du mâle, ceci afin d'accentuer sa dominance. Présentez le mâle à la femelle, laissez-les s'ébattre et jouer ensemble. Après quelques instants de jeu, la femelle décidera du bon moment, elle se posera, les pattes arrière légèrement écartées, le dos cambré, et attendra que le mâle monte sur son dos avec ses pattes avant. Vous devrez peut-être guider le mâle pour l'aider dans la phase de pénétration.

Une fois ce premier acte réalisé et après environ une minute, un processus mécanique entre en jeu, c'est le verrouillage : le gland du mâle se gonfle alors que la paroi vaginale de la femelle se contracte, assurant ainsi un blocage et une étanchéité parfaite. Cet état favorise la migration des spermatozoïdes vers les ovules. Ce verrouillage oblige donc les deux chiens à rester collés, le mâle arrête alors tout mouvement et descend ses pattes du dos de la femelle. Le couple se place alors derrière contre derrière comme s'ils voulaient partir dans des directions opposées, tout en restant fixés l'un à l'autre. Cette position peut durer de 20 à 30 minutes et se terminera naturellement sans aucune intervention extérieure. Il est préférable d'assister à toutes les saillies, ceci afin de pallier tout événement indésirable (chienne agressive, mâle trop empressé, chiens essayant de se séparer alors qu'ils sont collés, ce qui pourrait blesser l'un des deux protagonistes).

La gestation

Très peu de signes extérieurs signalent qu'une chienne est gestante ou non. Seule une palpation, à partir de la quatrième semaine suivant la saillie, peut signaler la présence de fœtus. L'échographie se révèle être aussi une méthode de diagnostic très efficace. Ces deux examens doivent être pratiqués par le vétérinaire. On peut également faire réaliser une radiographie à partir de 50 jours de gestation, pour évaluer le nombre de chiots, car à ce stade le squelette du chiot est visible. La gestation d'une femelle dure environ 63 jours, mais une surveillance attentive une semaine avant la date prévue est de mise. Une méthode fiable pour connaître l'imminence d'une mise bas est celle de la température. Il suffit de prendre la température de la femelle matin et soir, une semaine avant la date prévue de la mise bas. Cette température oscillera aux environs de 38 °C, puis chutera subitement d'un ou deux degrés. La chienne abaissant ainsi sa température corporelle pour préparer ses petits à la naissance. Dès que cette chute de température est constatée, la chienne débutera sa mise bas dans les 24 heures. La chienne devient alors de plus en plus inquiète et nerveuse, gratte le sol en cherchant à faire son nid. Certaines chiennes préfèrent évacuer leurs petits debout, ainsi elles souffrent moins. La surveillance et l'assistance de l'éleveur sont primordiales pour assurer un maximum de chance de survie aux nouveau-nés.

La mise bas

> Le matériel

Beaucoup d'ouvrages canins font des descriptions de caisses de mise bas, avec des traverses de protection pour éviter que la chienne n'écrase ses petits. Elle doit être suffisamment grande pour que la future mère puisse se tourner sans piétiner ses chiots, et pas trop haute. Le lieu choisi sera une pièce non humide, sans courants d'air et calme.

Plusieurs jours avant la date prévue de la mise bas, tout doit être prêt.

Sont à prévoir :

– des linges éponges, des draps de coton, des couvertures (Vetbed™) et des serpillières ;

– une lampe infrarouge à suspendre et un thermomètre d'ambiance à mettre au sol pour le contrôle de la température adéquate ;

– une caisse en plastique (40 x 40 x 30 cm) et une bouillotte (en caoutchouc) ;

– une paire de ciseaux, du fil de coton ou de soie ;

– des gouttes de stimulant respiratoire ;

– un spray désinfectant ;

– une balance de ménage, pour peser les bébés.

> Le déroulement

La chienne commence à avoir de petites contractions, son halètement s'accélère, sa vulve laisse échapper un liquide visqueux. Puis s'ensuivent des contractions plus fortes pendant lesquelles la chienne bloque sa respiration, l'arrivée du premier chiot est imminente. Le chiot sort du ventre de sa mère dans une poche transparente (le sac amniotique), la chienne doit normalement l'ouvrir avec ses dents et lécher le chiot, elle coupera ensuite le cordon ombilical qui le reliait à la poche et au placenta.

Si la chienne expulse le chiot et qu'elle le regarde sans daigner s'en occuper, c'est à l'éleveur que revient cette délicate tâche. Avec le doigt, il faut percer le sac à proximité de la tête du chiot, le sortir, puis le frotter énergiquement avec un linge éponge, tête vers le bas. Il doit crier. S'il a de la peine à respirer, on dépose quelques gouttes de stimulant respira-

toire sur sa langue et on continue à le frotter, à proximité de la lampe infrarouge, pour le réchauffer.

Une fois que le bébé respire normalement, on peut nouer le cordon ombilical du chiot avec un petit fil de coton à 3 cm de son ventre, on le coupe avec des ciseaux pour le séparer de son enveloppe (accompagnée ou non du placenta) que la chienne voudra probablement manger. Ce réflexe naturel a pour effet de stimuler la montée de lait de la chienne. Dans le cas d'une portée nombreuse, on évite de laisser la chienne manger tous les placentas car elle se rendrait malade.

Le chiot ainsi né sera ensuite placé à proximité d'une mamelle de la chienne. S'il n'est pas très intéressé, l'éleveur pourra l'aider et pressera légèrement la mamelle pour faire apparaître quelques gouttes de lait (le colostrum). La chienne et le chiot seront couchés sur une couverture sous une lampe infrarouge suspendue à environ cinquante centimètres du sol. La température de la pièce se situera aux alentours de 20 °C alors que, sous la lampe infrarouge, la température devra être d'au moins 27 °C. Le chiot sera pesé et identifié (sexe). Pour l'identification des chiots, compte tenu de la couleur de robe unicolore, plusieurs procédés sont utilisés : l'identification par des rubans de couleur, mais ce procédé peut s'avérer dangereux, les chiots peuvent se blesser et la mère peut, par léchage, les enlever et les avaler ; certains éleveurs utilisent du vernis à ongles, qu'ils déposent en infime quantité en différents endroits ; on peut aussi tout simplement couper une petite touffe de poils à un endroit précis selon chaque chiot. On notera sur une fiche ces renseignements accompagnés de l'ordre de naissance, et de l'heure à laquelle il est né. Le deuxième chiot apparaîtra normalement quinze à trente minutes plus tard, mais il se peut que la chienne prenne son temps. On peut s'inquiéter si, au-delà de 2 heures, la chienne a de fortes contractions et qu'elle n'arrive pas à expulser un chiot. Dans ce cas seul le vétérinaire pourra intervenir.

La chienne peut, entre deux chiots, sortir se dégourdir un peu et faire ses besoins. On rassemble alors les chiots déjà nés dans une caisse en plastique avec une bouillotte recouverte d'un linge, sous la lampe infrarouge. Attention, lorsque l'on sort la chienne, il est prudent de se munir d'un linge et d'une lampe électrique s'il fait nuit, on restera à proximité d'elle, car parfois ce petit exercice aide à la naissance d'un chiot. Pendant la mise bas, une gamelle d'eau fraîche doit être à la disposition de la chienne. Les chiots peuvent se présenter par la tête ou par le siège et il se peut également que sous l'effet des contractions, un chiot soit expulsé hors de la poche alors qu'il est encore dans le ventre

de la mère. Il faut réanimer le chiot et tenter d'évacuer le liquide qu'il a pu absorber pendant cette phase.

Les jours suivants, on pèsera chaque chiot à heure fixe pour s'assurer qu'ils profitent bien. Toute baisse de poids qui se renouvelle pendant deux jours consécutifs doit être un signe d'alarme. Au-delà de huit chiots, ou en cas d'une production de lait insuffisante de la femelle, il faut la suppléer en faisant des biberons aux chiots. Dans ce cas, on utilise du lait maternisé pour chiot, disponible en pharmacie ou chez le vétérinaire. Le poids de naissance des chiots doit normalement doubler en une semaine.

Les premières semaines de la vie du chiot

Les premières semaines de la vie des chiots, le processus urinaire et de défécation est stimulé par la mère qui lèche le ventre des chiots, puis mange leurs excréments.

Il est nécessaire de rapidement raccourcir les griffes des pattes avant des chiots afin qu'ils n'endolorissent pas trop les tétines de leur mère.

Pendant les dernières semaines de la gestation et pendant la période de lactation, les besoins alimentaires de la mère pourront doubler, on préférera une multiplication de repas à un seul repas trop important. Afin d'éviter l'éclampsie due à une carence en calcium, il est souhaitable de supplémenter la mère en calcium pendant la lactation (2 cuillères à soupe de calcium Sandoz™ par jour).

L'alimentation des chiots est composée, pendant les trois premières semaines de leur vie, exclusivement du lait de la mère et des éventuels biberons donnés en supplément. À partir de 3 semaines, le début du sevrage se pratiquera en réalisant une bouillie composée d'eau chaude et de croquettes spéciales chiots, que l'on aura mixées. Cette bouillie sera par la suite de moins en moins réhydratée et de moins en moins mixée pour arriver progressivement à donner des repas de croquettes sèches. Ces repas seront au nombre de deux ou de trois et l'on conservera un repas lacté qui pourra se composer de fromage blanc ou de yogourt légèrement sucré.

Les étapes de l'évolution d'un chiot

À la naissance, le chiot ne possède que l'odorat et se déplace en rampant. Ses yeux s'ouvriront vers le douzième jour et sa vue commencera à se développer progressivement. C'est aussi à ce stade que devient efficace le sens de l'audition. À partir de 3 semaines, le chiot commence à se déplacer en équilibre sur ses pattes et apprend la hiérarchie. C'est à partir de 3 semaines que les dents de lait apparaissent. Le renouvellement de cette primodentition par les dents définitives intervient dès 4 mois et, à l'âge de 8 mois, toutes les dents doivent être en place. Dès 2 mois, il est possible de palper sur un mâle les deux testicules dans les bourses.

Parfois, il arrive que l'un des deux remonte et sorte des bourses, pour redescendre en place quelques semaines plus tard. En règle générale, à 4 mois le chiot mâle doit avoir ses attributs en place.

Les démarches administratives pour que les chiots soient inscrits au LOF

> Le contrat de saillie

La femelle et l'étalon doivent être confirmés. Un contrat de saillie sera établi et signé avant l'accouplement. Il précisera les modalités, et notamment le prix. Il existe un règlement international d'élevage que tout éleveur doit connaître et appliquer. Il a été adopté par la FCI en 1974 et modifié en 1987, il remplace un écrit qui datait de 1934 et qui avait pour nom « Coutume internationale d'élevage de Monaco ». Il traite, entre autre, des points suivants :

- transport et frais d'entretien de la lice ;
- responsabilité ;
- décès de la chienne ;
- choix de l'étalon ;
- saillie erronée ;
- attestation de saillie ;
- dédommagement pour la saillie ;

– la lice demeure vide ;
– insémination artificielle ;
– cession du droit d'élevage ;
– inscription des chiots au Livre des origines.

> La déclaration de saillie

Une fois la saillie effectuée, le propriétaire de l'étalon et celui de la femelle remplissent une déclaration de saillie (formulaire officiel à demander à la SCC) qui contient les coordonnés du mâle, de la femelle et de leurs propriétaires, ainsi que la date de la saillie. C'est le propriétaire de la lice qui doit renvoyer cette déclaration à la SCC, accompagnée d'un règlement de dix euros, dans les 4 semaines qui suivent l'accouplement. La Société centrale canine retourne alors une liasse de documents qui contient, une déclaration de naissance et une demande d'inscription de la portée au LOF.

> La déclaration de naissance

La déclaration de naissance, sur laquelle figurent déjà les noms du père et de la mère des chiots, est à compléter (date de la mise bas, nombre de chiots, avec la répartition mâles-femelles) et à retourner à la SCC dans les quinze jours qui suivent la naissance. Si la chienne reste vide, il est obligatoire de retourner la déclaration de naissance, avec l'inscription « 0 chiot ».

Lorsque les chiots seront baptisés et tatoués, l'éleveur retourne à la SCC la demande d'inscription de la portée, complétée de tous les noms des chiots, leur sexe et leur numéro d'identification, ainsi que le volet des cartes de tatouages ou de puce électronique qui doivent lui revenir, le tout accompagné du règlement.

La SCC renvoie alors les déclarations de naissance (pedigrees provisoires) pour chaque chiot.

Glossaire

AB : Assez bon.
Affixe : Nom de l'élevage.
AKC : American Kennel Club.
APR : Atrophie progressive de la rétine.

BIS : Best In Show (meilleur chien d'une exposition).
BOG : Best Of Group (meilleur de groupe).

CACIB : Certificat d'aptitude au championnat international de beauté.
CCHF : Classe champion femelle.
CCHM : Classe champion mâle.
CHIB : Champion international de beauté
CJF : Classe Jeune femelle.
CJM : Classe Jeune mâle.
COF : Classe Ouverte femelle.
CSAU : Certificat de sociabilité et d'aptitude à l'utilisation.

Dysplasie : Maladie due à une malformation et à une usure prématurée d'une articulation (dysplasie de la hanche).

Éclampsie : Trouble causé par une carence en calcium.
Étalon : Mâle reproducteur.
Étrille : Brosse recouverte de picots métalliques rigides.
EXC : Excellent.

FCI : Fédération cynologique internationale.

Gène : Élément du chromosome, qui conditionne la transmission et l'expression des caractères héréditaires.

HD : Hyp Dysplasia (sigle international pour présenter la dysplasie coxo-fémorale).

KC : Kennel Club (britannique).

Ladre : Partie de peau sans pigmentation.
Lice : Femelle reproductrice.
LOF : Livre des origines français.

Monorchide : Chien n'ayant qu'un seul testicule dans les bourses.

P : Prometteur.
PM1 : Première prémolaire (également PC1).
PM2 : Deuxième prémolaire (également PC2).
PM3 : Troisième prémolaire (également PC3).
PM4 : Quatrième prémolaire (également PC4).

RCACIB : Réserve de certificat d'aptitude au championnat international de beauté.
RCACS : Réserve de certificat d'aptitude et de conformité au standard.
RI : Registre initial.

SCC : Société centrale canine.

TAN : Test d'aptitudes naturelles.
TB : Très bon.
TP : Très prometteur.
TI : Titre initial

Adresses utiles

Société centrale canine (SCC)
155, avenue Jean-Jaurès
93535 Aubervilliers Cedex
Tél. : 01 49 37 54 00
Site web : www.scc.asso.fr

FCI (Fédération cynophile internationale)
13, place Albert-Ier
B-6530 Thuin
Belgique
Tél.: 071 59 12 38
http://www.fci.be

Amicale du chien de berger blanc (ACBB)
Latitude 49
27410 Le Noyer-en-Ouche
Tél : 02 32 46 15 06
http://www.amicalebergerblanc.com

Centre d'étude et de recherche en reproduction et élevage canin (CEREC)
École vétérinaire de Lyon
1, avenue Bourgelat
BP 83
69280 Marcy-l'Étoile
Tél. : 04 78 87 25 35

Index

CRÉDITS PHOTOGRAPHIQUES

COGIS : 83, 118 ; **Français/COGIS :** 19, 28, 35, 39, 43, 44, 52, 55, 60, 71, 81 d, 91, 94 h, 102, 108-109, 111 ; **Grossemy/COGIS :** 4, 7, 12, 13, 22, 25, 29, 30-31, 32-33, 36, 37, 38, 41, 42, 45, 46, 54, 57, 62, 64, 72, 74, 76-77, 80-81, 84, 85, 86 g, 86-87, 88, 92, 93, 95, 96-97, 99, 101, 104-105, 107, 114-115, 120-121, 123, 125, 128, 131, 134, 135, 136, 137, 138-139 ; **Lanceau/COGIS :** 8-9, 10, 11, 61, 66, 119, 122 ; **Lepage/COGIS :** 16-17, 65, 68, 89, 116, 132-133 ; **Simon/COGIS :** 14, 15, 20-21, 23, 27, 48-49, 51, 56, 58, 62, 69, 73, 79, 81, 100, 110, 113, 126-127, 141.